MW01533884

Swa
Katalog für Swatch Uhren

Die Deutsche Bibliothek - CIP-Einheitsaufnahme

Swatch collector : Katalog für Swatch-Uhren /
verantw. für Inh.: Axel Hennel ...
- Internat. version 1998/1999. -
Wiesbaden : SU-Verl., 1998
ISBN 3-929025-29-9

International Version 1998/1999

Verantwortlich für Inhalt und Fotos:
Responsible for content and pictures:

Axel Hennel • Malte Strauss • Jürgen Berg

Weitere Fotos:
Additional pictures:

Swatch AG • Rob Versteeg • Jirco Bondy

Swatch-Collector

Katalog für Swatch Uhren

Erhältlich bei: • Available at:

Deutschland: SU Verlag GmbH
Herderstraße 28 · D-65185 Wiesbaden
Fax: +49 (0)611-99081-11 · Info - Line: +49 (0)611-99081-19
E-Mail: maltestrauss@suverlag.com · Internet: http://suverlag.com

Netherlands and Belgium: Squiggly Trading B.V.
Bergselaan 163a · 3037 BJ Rotterdam · The Netherlands
Tel.: +31 (0)10-4665090 · Fax: +31 (0)10-4655038
E-Mail: info@squiggly.com

Schweiz: Galerie Inauen
Schifflände 12 · CH-8001 Zürich
Tel.: +41 (0)1-252-5697 · Fax: +41 (0)1-252-6211

Great Britain: The Swiss Watch Centre
60 Union Street
Ryde. Isle of Wright PO33 2LG, England
Tel. +44 (0)1983 563247 · Fax +44 (0) 1983 568220

France: Elysée Collector's & Trading
26 rue d'Artois · 75008 Paris · France
Tel. & Fax: +33 1-45 63 02 70

Partugal: José Maria Carrilho
Rua Eiffel 13 6e · 1000 Lisboa · Portugal
Phone: +351 931 9591260
E-Mail: jamalheiro@ip.pt

USA & Canada: Collectors Mail Service, L.C.
134 Springhurst Circle · Lake Mary · FL 32746 · USA
Toll Free: 1-888-610-BOOK · Local Phone: (407) 328-4333
Fax: (407) 328-8315

Singapore: Riccino Trading
23 Jln Sayang · Singapore 418642
Tel.: +65 444-7550 · Fax: +65 446-0679
Pager: +65 9310-9442

Printed 1998 in Germany

THANKS

Jirco Bondy, Lynne Cheson, Marc Djunbushian, Collectors Gallery,
Marianne Egli, Matthias Eisele, Joseph und Caroline Falcone,
Claudine Fröhlicher, Jochen Hämmerle, Nadine Hudson, Stefan
Kastner, Monika Klingler, Willi Köhler, Dan Komar, Peter "Maxi"
Kranendonk, Andre Laux, Stephan Ott, Dieter Posmik, Alan Sprink,
Stefan Steinle, Rob "Squiggly" Versteeg, Andreas Wiethoff, ...

... und alle, die uns sonst noch geholfen haben.

INHALT · CONTENTS

Liebe Leserin, lieber Leser!

Nach jahrelanger Swatch-Euphorie kam vor einigen Jahren die große Talfahrt der Preise. Viele Sammler kehrten dem Schweizer Kunststoffticker den Rücken zu. Das Paradestück genialen Marketings strebte einer ungewissen Zukunft entgegen. Inzwischen hat sich der Markt stabilisiert und befindet sich auf einem soliden, wenn auch niedrigerem Niveau als 1993. Die Swatch ist tot - es lebe die Swatch. Lassen Sie uns die Auferstehung der Avantgarde feiern und freuen Sie sich mit uns an den Einfällen der eidgenössischen Uhrmacher. Herzlichen Dank an dieser Stelle an unsere viele treuen Leser, die es uns ermöglichen auch dieses Jahr wieder einen neuen Katalog zusammenzustellen. Dieser wurde gegenüber den Vorjahren nochmals erheblich erweitert und überarbeitet. Im Vergleich zur Ausgabe des Jahres 1997 ist der Umfang auf über 600 Seiten gewachsen, sämtliche Modelle von den Anfängen im Jahre 1983 bis zur Herbst/Winterkollektion 1998 sind abgebildet: insgesamt mehr als 2300 farbige Fotos. Verpackungen von Uhren, die nur in diesen speziellen Verpackungen erhältlich waren sind zusammen mit den entsprechenden Uhren abgebildet, Sonderverpackungen für ansonsten in der normalen Klarsichtbox erschienene Uhren finden Sie im eigenen Kapitel "Special Box".

Natürlich waren die Designer, Techniker und Ingenieure von Swatch nicht ganz tatenlos und eine Fülle von neuen Modellen erfreut den Uhrenfan. Die Automatikuhr wurde inzwischen von einer Neuheit abgelöst, die sich als technische Innovation ganz vorne im Markt positioniert hat. Die Rede ist von der Autoquarz, die zwar mit Strom funktioniert, der aber durch die Bewegung des Trägers mit einem eigenen Miniaturkraftwerk betrieben wird. Die beliebten Chronos weisen in der jüngsten Kollektion inzwischen alle ein Alarm aus, und die Kategorie "Chrono-Alarm" hat die Chrono Serie komplett ersetzt.

Die Preise in diesem Katalog beziehen sich auf ungetragene Uhren ohne Schachtel. Die Plastikverpackung und der Garantieschein gehören zwar zum Lieferumfang, werden aber bei unserer Preisgestaltung nicht berücksichtigt. Obwohl einige Sammler Wert auf eine rundum originale Uhr mit Schachtel legen, sehen wir nur bei denjenigen Swatches, die mit einer Sonderverpackung (Specials, Arts, ...) ausgeliefert wurden, einen Grund diese in die Preise einzubeziehen. Jeder dem es wichtig erscheint, nur Uhren mit dem entsprechenden Kästchen und Garantieschein zu sammeln, muß sich gerade bei älteren Swatches auf eine lange Suche einstellen.

Bei der Umrechnung haben wir uns auf den gerundeten amtlichen Mittelkurs vom 16. November 1998 (DM 100,- ≈ SFR 82,28 ≈ ÖS 704,- ≈ US$ 59,17 ≈ GB 35,58 ≈ JP 7212,- ≈ Lit 98941,-) bezogen. Die Preise orientieren sich am europäischen Sammlermarkt, dennoch sind Abweichungen von Land zu Land möglich. Der Preisermittlung liegen zahlreiche Umfragen bei führenden Sammlern und Händlern zugrunde.

Wir weisen auch dieses Mal wieder darauf hin, daß es sich bei diesem Katalog nicht um ein Erzeugnis der Firma "Swatch" bzw. "SMH" handelt und in keinerlei wirtschaftlicher Verbindung zu diesem Unternehmen steht. Der Katalog erscheint unabhängig von Swatch und wird von der "SU Verlag GmbH" vertrieben. Bei Fragen zu den Uhren und zum Swatch-Club wenden Sie sich bitte direkt an die Firma Swatch (Biel, Schweiz). Sie können sich auch gerne an die im Anzeigenteil genannten Händler wenden.

Wir wünschen Ihnen weiterhin viel Spaß beim Swatchen.

Ihr Team des SU-Verlags, November 1998

Dear Swatch enthusiast!

After years of Swatch hype we have experienced the big downfall of the collectors value. A lot of collectors turned their back on the plastic watch. The masterpiece of marketing entered an uncertain future. Meanwhile the collectors market for swatches has settled at a stabile but lower level than 1993. Swatch is dead - long live the Swatch. Let us celebrate the Avantgarde and enjoy the ideas of Swiss watchmakers. At this point thanks to our loyal readers, which enabled us again to compile a new edition of the Bonello's Swatch Collector. This years edition shows pictures of all Swatches from the beginning in 1983 untill the Fall/Winter season 1998: Over 2300 pictures on more than 600 pages. Special boxes for watches that were available only in these packings are shown together with the corresponding watch. Special packings for watches otherwise released in normal transparent boxes are in their own chapter "Special Box".

Off course the designer, technicians and engeneers were not lazy and a big variety of new models were introduced during the last months. The Swatch Automatic was replaced by a novelty called Swatch Autoquartz. This watch works with electricity but is powered by the movement of its owner. Now, the popular Chronos have all an alarm and the category 'Chrono-Alarm' replaced the Chrono during the last season completely.

All the prices given in this book refer to unused watches. A new watch is always delivered with the standard plastic box and the guarantee coupon, but we do not include them in these prices. Some collectors may think that only a Swatch with the original plastic box and warranty is complete, but we believe that only the special packagings (Specials or Arts) should be considered for the collectors value. Those who want to own the original plastic box should know that they will have to spend a lot more time and money to get what they are looking for.

The values are based on an average, rounded off, official rate of currency exchange as of november 16th 1998 (DM 100,- » SFR 82,28 » ÖS 704,- » US$ 59,17 » GB 35,58 » JP 7212,- » Lit 98941,-). These values are based on the European collectors market and they sometimes vary from country to country.

To avoid any misunderstandings we draw your attention again to the fact that this catalogue is not a product of Swatch AG/SMH. This catalogue is published and distributed independently by "SU Verlag GmbH". If you need information about watches and "Swatch - The Club" please contact Swatch AG (Biel, Switzerland). You can certainly also contact one of the dealers advertising in the back of this catalouge.

We wish you lots of fun Swatch-hunting.

Your SU-Team, November 1998

Article Numbers:

G B 0 01

B = POP-WATCH (1986-88)	A = ANTHRACITE	0 = 2 HANDS
G = GENTS	B = BLACK	1 = 3 HANDS
L = LADY	C = COFFEE (BROWN)	4 = 3 HANDS WITH DATE OR MOVING ITEM
PAN = PAGER NUMERIC	F = FEATHERS (BROWN TRANSPARENT)	
PAT = PAGER TONE		7 = 3 HANDS WITH DATE AND DAY OR WITH 2 MOVING ITEMS (EXAMPLE: COLOR WINDOW GB 715)
PM = POP MIDI	G = GREEN	
PU = POP-UP	G = GOLD (IRONY)	
PW = POP-WATCH (1991 ->)	I = INDIGO (BLUE)	
PWB = POP-WATCH (1989-90)	J = YELLOW	9 = LOOMI
SA = SWATCH-AUTOMATIC	K = CLEAR/TRANSPARENT	
SB = AQUACHRONO	M = METAL GREY	
SC = SWATCH-CHRONO	L = LIME (BLUE-GREEN)	
SD = SWATCH-DIVER (SCUBA)	N = NAVY BLUE	
SE = AQUACHRONO MID SIZE	O = ORANGE	
SF = SKIN	P = PINK	
SK = ACCESS	R = RED	
SL = SWATCH MUSICALL	S = SURFBLUE (MEDIUM BLUE)	
SS = STOP-SWATCH	S= SILVER (IRONY)	
YC = IRONY CHRONO	T = TAN	
YD = IRONY SCUBA	V = VIOLETT	
YG = IRONY GENTS	W = WHITE	
YL = IRONY LADY	X = METALCAP	
YS = IRONY SMALL	Y = TWISTOFLEX-BRACELET + METALCAP	
	Z = SPECIALS	

DIE BEIDEN FOLGEN-DEN ZIFFERN GEBEN DIE FORTLAUFENDE NUMERIERUNG DER JEWEILIGEN AUSFÜH-RUNG AN

THE NEXT TWO DIGITS DESCRIBE THE NUMBER OF EACH MODEL IN CONSECUTIVE ORDER

BEISPIEL • EXAMPLE:

GB 001 FROM 1983

G = GENTS WATCH

B = BLACK (BLACK CASE)

0 = WATCH WITH 3 HANDS

01 = FIRST MODEL IN BLACK

Bedeutung der Artikelnummern:

Der erste Buchstabe bei den Standard-Uhren steht für „G"ents (Herren) bzw. „L"adies (Damen).
Der zweite Buchstabe beschreibt in fast allen Fällen die Farbe des Uhrengehäuses. Hier sind geringe Abweichungen möglich. Die meisten Begriffe sind der Modebranche entlehnt. Bei allen anderen Uhren geben die ersten beiden Buchstaben Aufschluß über den Uhren-Typ, der letzte bezeichnet aber auch hier in den meisten Fällen die Gehäuse-Farbe. Die erste Ziffer nach den Buchstaben erklärt das Uhrwerk. Die beiden folgenden Ziffern sind die fortlaufende Numerierung der jeweiligen Ausführungen.

Meaning of the article numbers:

As first letter on the SWATCH-WATCH the „G" stands for Gents or „L" for Ladies.
The second letter describes the color of the watch case as listed next page, except for a few cases. Minor deviations are possible. With all other than SWATCH-WATCH the first letter indicates the type of watch. Here again the last letter describes the color of the case. The first digit explains the kind of movement the watch houses, the next two digits give the number for each model in consecutive order.

Hier ein paar Beispiele:

GB 001 aus 1983 (Abb.1)
G = Gent (Herrenuhr)
B = black (schwarz)
0 = 2-Zeiger-Uhr
01 = 1. Modell in schwarz in dieser Ausführung

Some examples:

GB 001 from 1983 (Pic.1)
G = Gent (men's watch)
B = black (black case)
0 = watch with 2 hands
01 = 1st model made in black

LW 104 Dotted Swiss (ohne Abb.)
L = Lady (Damenuhr)
W = white (weiß)
1 = 3-Zeiger-Uhr
04 = 5. Modell in weiß in dieser Ausführung

LW 104 Dotted Swiss (no pic.)
L = Lady (ladies watch)
W = white (white case)
1 = watch with 3 hands
04 = 5th model made with a white casing

GJ 700 Yamaha Racer (ohne Abb.)
G = Gent (Herrenuhr)
J = yellow (gelb)
7 = 3-Zeiger-Uhr mit Tag und Datum
00 = 1. Modell in schwarz in dieser Ausführung

GJ 700 Yamaha Racer (no pic.)
G = Gent (men's watch)
J = yellow (yellow case)
7 = watch with 3 hands plus date and day
00 = 1st model made with black case

GF 101 Lazuli (ohne Abb.)
G = Gent (Herrenuhr)
F = feathers (braun-transparent)
1 = 3-Zeiger-Uhr
01 = 2. Modell in braun-transparent in dieser Ausführung

GF 101 Lazuli (no pic.)
G = Gent (men's watch)
F = feathers (brown transparent case)
1 = watch with 3 hands
01 = 2nd model made with brown transparent casing

Die Wochentag-Angabe des Uhrenkalenders ist in folgenden Sprachen möglich: Deutsch, Englisch, Französisch, Italienisch und Spanisch.

The days on the calender discs were available in the following languages: English, French, Italian, German and Spanish.

Rückseite · Backside

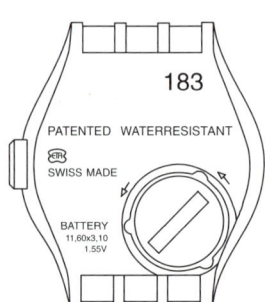

183
1 = Januar
83 = 1983

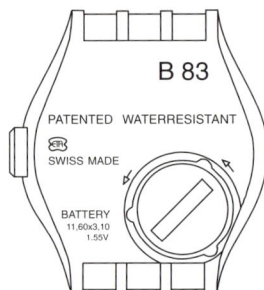

183

PATENTED WATERRESISTANT

SWISS MADE

BATTERY
11,60x3,10
1.55V

B83
B = November
83 = 1983

B 83

PATENTED WATERRESISTANT

SWISS MADE

BATTERY
11,60x3,10
1.55V

Auf der Rückseite der Uhren befinden sich noch zwei weitere eingestanzte Nummern. Bei der Zahl im oberen Drittel der Gehäuserückseite handelt es sich um das Herstellungsdatum.

Von 1983 bis teilweise 1985 wurde ein 3-stelliger Code benutzt. Die erste Stelle gab den Monat an, die zweite und dritte Stelle das Herstellungsjahr. Die Monate Januar bis einschließlich September waren mit 1 bis 9 gekennzeichnet, die Monate Oktober, November und Dezember mit A, B und C.

Ab 1986 ist das Herstellungsdatum codiert eingestanzt worden. Die 1. Zahl gibt Aufschluß über das Herstellungsjahr, 2. und 3. Zahl lassen erkennen, in welcher Woche die Uhr produziert wurde. Die 4. Zahl sagt aus, an welchem Tag die Uhr hergestellt wurde: Montag = 1. Tag, Dienstag = 2. Tag usw.. Der oft im Anschluß erscheinende Buchstabe „P" weist auf die herstellende Fabrik hin. Auch hier wieder ein Beispiel: 1264
1 = 1991
26 = 26. Woche
4 = 4. Tag

Diese Uhr wäre also 1991 in der 26. Woche am 4. Tag hergestellt worden.

On the backside of the watch you will find two more imprinted numbers. The one in the upper third describes the manufacturing date. From 1983 till 1985 the number indicates the year and the month, from 1986 on it indicates the day as well. The first digit will indicate the month, the second and third the year of manufacturing. The months January till September are indicated by the numbers 1 - 9, the months October, November and December are A, B und C.

From 1986 on the manufacturing date was coded. The first digit will indicate the year of manufacturing. The second and third digit will indicate the week of manufacturing. And the fourth digit will indicate the day of manufacturing: Monday = 1. day, Tuesday = 2. day etc. The letter P in the ending of the number code indicates the factory this watch was made in.
For Exampale: 1264
1 = 1991
26 = 26th week
4 = 4th day

This watch would have been manufactured on the 4th day of the 26th week in 1991.

Bei Damenuhren und Uhren mit Damenwerk wurde auf die Angabe des Herstellungstages verzichtet, das hier erscheinende S weist auf den Herstellungsort hin, in diesem Falle Sion.
Bei Chronos hat man sich für einen 2-stelligen Code entschieden.

Beispiel: 22
2 = 1992
2 = Februar

Beispiel: 1A
1 = 1991
A = Oktober

Bei den Scubas mit Damenuhrwerk wurde das Codierungsverfahren der Damenuhren übernommen. Bei den Scubas mit Herrenuhrwerk wurde auf eine Codierung ganz und gar verzichtet.
Bei der Zahl im linken unteren Drittel der Gehäuserückseite handelt es sich um den Ländercode. Bitte entnehmen Sie die Bedeutung dieser Zahlen der Liste mit den Countrycodes.
Früher waren diese Zahlen 3-stellig, heute sind sie 4-stellig. Die Ergänzung erfolgte durch das Vorsetzen einer weiteren Zahl. Früher hatte Frankreich die Ländernummer 448, heute 7448.
Von 1992 an wurde bei den Chrono-, Scuba- und Automatic-Uhren auf die Angabe des Ländercodes auf der Rückseite verzichtet. Statt dessen wird der Ländercode per Laser durch das Zifferglas auf das Zifferblatt eingraviert.

The lady-watches and watches with ladyworks (small-movement) have no imprinted day-code. The „S" in front of the code stands for the location of the factory, SION in this case.
With the Chronos a 2-digit code is used.

Example: 22
2 = 1992
2 = February

Example: 1A
1 = 1991
A = October

Scubas with lady-works use the coding of lady-watches. Scubas with gent-works are not coded at all.
The number on the lower left part of the backside is the countrycode. Please look at the listing of country codes.
In the early days the company used three digits and later on they switched to four digits by adding one digit in front of the old code. For example: 448 (countrycode for France) became 7448.
From 1992 on they stopped using the countrycode on the backside of the casing for Chrono-, Scuba- and Automatic-watches. Instead the code is engraved by Laser on the face.

Armband · Bracelet

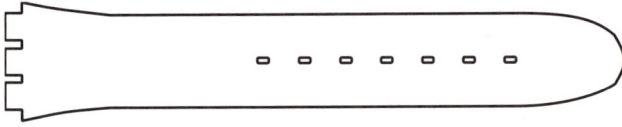

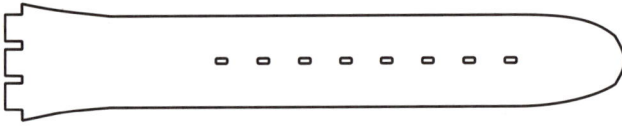

Alle in den Jahren 1982 und 1983 verwendeten Armbänder hatten sieben Löcher im unteren Armbandteil. 1984 wurde ein weiteres Loch hinzugefügt, so daß ab diesem Jahr acht Löcher im unteren Armbandteil vorkommen. Für ein paar Versionen und Farbtöne wurde das Sieben-Loch-Armband etwas länger verwendet.1987 bekam das Locharmbandteil die Inschrift „SWATCH", diese wurde im Anschluß an die Armbandlöcher eingestanzt.1988 wurde diese Inschrift nochmals verändert und erscheint nun etwas fetter und tiefer. Bei lackierten und bedruckten Armbändern kommt keine Inschrift vor. Das Fachhandellogo der Schweizer Uhrenfachgeschäfte auf den Damen- und Herrenarmbändern findet man bis 1986 auf den in der Schweiz durch den Fachhandel verkauften Uhren.

All Swatch bracelets used in 1982 and 1983 had seven holes at the lower part. In 1984 the company added one more hole, so from then on you could say the lower bracelet had eight holes. A few exceptions are counted for. In 1987 Swatch added the imprint „SWATCH" on to the lower band. In 1988 this imprint was changed again for a deeper and larger version. If the bands are painted or printed you will find no imprint at all. The „Fachhandellogo" from the swiss watch shops is imprinted till 1986 and found on Swatch watches witch have been sold thruout switzerland only by the specialized watch dealers.

Fachhandellogo

Country Codes

234 Singapore · Singapur
541 Switzerland · Schweiz
671 United Arab Emirates · Vereinigte Arabische Emirate
747 Bahamas
754 France · Frankreich
762 Mexico · Mexiko
2355 Austria · Österreich
4301 Netherlands · Holland
4573 Sweden · Schweden
5629 England/Northern Ireland · England/Nordirland
5742 Germany · Deutschland
5753 Belgium/Luxemburg · Belgien/Luxemburg
5755 USA
5824 Hong Kong
6052 Finland · Finnland
6103 Australia · Australien
6107 Canada · Kanada
6108 Norway · Norwegen
6129 Spain · Spanien
6131 Japan
6449 Denmark · Dänemark
6538 New Zeeland · Neuseeland
6546 Ireland · Irland
6549 Italy · Italien
6730 Kenya · Kenia
7267 Portugal
7342 Greece · Griechenland
7345 Argentina · Argentinien
7347 Dutch Antilles · Niederl. Antillen
7398 Malta
7400 USA
7448 France · Frankreich
7683 Canada · Kanada
7700 Malta
9003 Switzerland · Schweiz

Bei der Zahl im linken unteren Drittel der Gehäuserückseite handelt es sich um den Ländercode. Bitte entnehmen Sie die Bedeutung dieser Zahlen der Countrycode-Liste.
Früher waren diese Zahlen 3-stellig, heute sind sie 4-stellig. Die Ergänzung erfolgte durch das Vorsetzen einer weiteren Zahl.
Z.B. Frankreich: früher 448, heute 7448. Von 1992 an wurde auf die rückseitige Angabe des Ländercodes bei den Chrono-, Scuba- und Automatic-Uhren verzichtet, stattdessen wird dieser auf dem Ziffernblatt eingraviert.

The number on the lower left part of the back is the countrycode. Please look up in listing of country codes.
In the early days the company used three digits and later on they switched to four digits by adding one digit in front of the old code. For example 448 (countrycode for France) became 7448. From 1992 they stopped using the countrycode on Chrono-, Scuba- and Automatic-watches on the back of the casing. Instead of this Swatch engraves the code on the face.

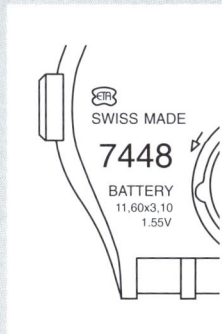

SWISS MADE
7448
BATTERY
11,60x3,10
1.55V

... rund um die Swatch: andere Sammelartikel.
... around the Swatch: other collectibles.

1: Der Werbeaufsteller zur Solar Swatch
2: Thekendisplays als Blickfang, Uhren kleiner als Maxis.
3: Automatic Man zur Einführung der Swatch Automatic in Deutschland. Durch die Rotation der ganzen Uhr wird das Federwerk aufgezogen.
4: Scuba Display.
5: Stop-Watch Display.

1: Solar Swatch Display
2: Displays as an eyecatcher, watches smaller than Maxis.
3: Automatic Man, released at the introduction of Automatics in Germany. Spring is wound up by rotation of the whole watch.
4: Scuba Display.
5: Stop-Watch Display.

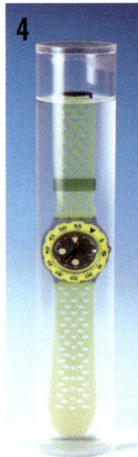

Einzelne Arbeitsschritte bei der
Herstellung einer Swatch.
Stages of production for a Swatch.

6:   The American display for the introduction of the
     Scuba 200
7:   Jellyfish display
8:   Spike Lee's Aqua Chrono Special "Wake Up"

6

6:   Der amerikanische Werbeaufsteller zur Einführung der
     Scuba 200
7:   Jellyfish Display
8:   Das Display zu Spike Lees Aqua Chrono Special "Wake Up"

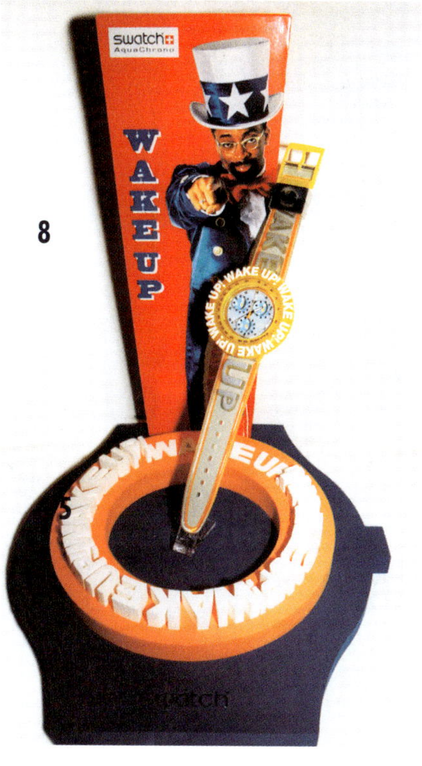

7

4

8

15

1983 - SWATCH-WATCH

SWATCH-WATCH

| GB 101 | GR 100 | GT 101 | GG 100 |

	DM	SFR	ÖS	US$	GB£	JP¥	LIT
GB 101	860	710	6.000	510	310	62.000	851.000
GR 100	1.150	940	8.100	680	410	83.000	1.138.000
GT 101	2.500	2.050	17.600	1.480	890	180.000	2.474.000
GG 100	2.850	2.340	20.000	1.680	1.010	206.000	2.820.000

| | GC 101 | GR 102 | GN 101 | GB 700 | GB 702 |

	DM	SFR	ÖS	US$	GB£	JP¥	LIT
GC 101	3.150	2.580	22.100	1.860	1.120	227.000	3.117.000
GR 102	2.950	2.420	20.700	1.740	1.050	213.000	2.919.000
GN 101	2.200	1.800	15.500	1.300	780	159.000	2.177.000
GB 700	1.150	940	8.100	680	410	83.000	1.138.000
GB 702	830	680	5.800	490	290	60.000	821.000

1983 - SWATCH-WATCH

GN 701	GT 700	GG 700	GG 400	GC 700

	DM	SFR	ÖS	US$	GB£	JP¥	LIT
GN 701	450	370	3.200	270	160	32.000	445.000
GT 700	2.200	1.800	15.500	1.300	780	159.000	2.177.000
GG 700	550	450	3.900	320	200	40.000	544.000
GG 400	4.200	3.440	29.500	2.480	1.490	303.000	4.156.000
GC 700	530	430	3.700	310	190	38.000	524.000

| | GR 101 | GB 701 | GB 401 | GG 701 | GT 701 |

	DM	SFR	ÖS	US$	GB£	JP¥	LIT
GR 101	2.000	1.640	14.100	1.180	710	144.000	1.979.000
GB 701	1.080	890	7.600	640	380	78.000	1.069.000
GB 401	4.000	3.280	28.100	2.360	1.420	288.000	3.958.000
GG 701	2.850	2.340	20.000	1.680	1.010	206.000	2.820.000
GT 701	3.500	2.870	24.600	2.070	1.240	252.000	3.463.000

1983 - SWATCH-WATCH

| | GT 100 | GN 100 | GB 001 | GR 700 | GN 700 |

	DM	SFR	ÖS	US$	GB£	JP¥	LIT
GT 100	1.100	900	7.700	650	390	79.000	1.088.000
GN 100	2.200	1.800	15.500	1.300	780	159.000	2.177.000
GB 001	1.250	1.030	8.800	740	440	90.000	1.237.000
GR 700	800	660	5.600	470	280	58.000	792.000
GN 700	450	370	3.200	270	160	32.000	445.000

| GN 400 | GT 702 | GT 402 | GB 100 | GC 100 |

	DM	SFR	ÖS	US$	GB£	JP¥	LIT
GN 400	2.650	2.170	18.600	1.560	940	191.000	2.622.000
GT 702	570	470	4.000	340	200	41.000	564.000
GT 402	2.650	2.170	18.600	1.560	940	191.000	2.622.000
GB 100	1.250	1.030	8.800	740	440	90.000	1.237.000
GC 100	1.550	1.270	10.900	910	550	112.000	1.534.000

1983 - SWATCH-WATCH

| GW 100 | | GW 101 | GB 402 | GB 703 |

	DM	SFR	ÖS	US$	GB£	JP¥	LIT
GW 100 Tennis Grid	800	660	5.600	470	280	58.000	792.000
- Tennis Grid (rot / red)	1.200	980	8.400	710	430	87.000	1.187.000
GW 101 Tennis Stripes	3.200	2.620	22.500	1.890	1.140	231.000	3.166.000
GB 402	880	720	6.200	520	310	63.000	871.000
GB 703	1.320	1.080	9.300	780	470	95.000	1.306.000

| GG 702 | GG 702 | GM 700 | GR 103 | GN 001 |

	DM	SFR	ÖS	US$	GB£	JP¥	LIT
GG 702	700	570	4.900	410	250	50.000	693.000
GG 702 GG 702 (Dünne Zeiger / Thin Hands)	700	570	4.900	410	250	50.000	693.000
GM 700	280	230	2.000	170	100	20.000	277.000
GR 103	460	380	3.200	270	160	33.000	455.000
GN 001	470	390	3.300	280	170	34.000	465.000

1983 - SWATCH-WATCH

| | GT 403 | GB 103 | LB 100 | LR 101 | LR 100 |

	DM	SFR	ÖS	US$	GB£	JP¥	LIT
GT 403	530	430	3.700	310	190	38.000	524.000
GB 103	1.650	1.350	11.600	970	590	119.000	1.633.000
LB 100	1.600	1.310	11.200	940	570	115.000	1.583.000
LR 101	1.700	1.390	12.000	1.000	600	123.000	1.682.000
LR 100	1.800	1.480	12.700	1.060	640	130.000	1.781.000

LN 100   LM 100   LW 100

	DM	SFR	ÖS	US$	GB£	JP¥	LIT
LN 100	1.500	1.230	10.500	890	530	108.000	1.484.000
LM 100	2.300	1.890	16.200	1.360	820	166.000	2.276.000
LW 100 Tennis Grid	500	410	3.500	300	180	36.000	495.000

1984 - SPRING/SUMMER

Skipper

| | GS 100 | LS 100 | GS 101 | LS 101 | GW 103 |

	DM	SFR	ÖS	US$	GB£	JP¥	LIT
GS 100 4 Flags	3.350	2.750	23.600	1.980	1.190	242.000	3.315.000
LS 100 4 Flags	2.100	1.720	14.800	1.240	750	151.000	2.078.000
GS 101 12 Flags	1.050	860	7.400	620	370	76.000	1.039.000
LS 101 12 Flags	250	210	1.800	150	90	18.000	247.000
GW 103 Windrose	100	80	700	60	40	7.000	99.000

Waikiki Surf

LW 103	GR 400	LR 102	GJ 400	LJ 100

	DM	SFR	ÖS	US$	GB£	JP¥	LIT
LW 103 Windrose	550	450	3.900	320	200	40.000	544.000
GR 400 Compass	1.100	900	7.700	650	390	79.000	1.088.000
LR 102 Compass	1.750	1.440	12.300	1.030	620	126.000	1.731.000
GJ 400 Yellow Racer	1.200	980	8.400	710	430	87.000	1.187.000
LJ 100 Yellow Racer	750	620	5.300	440	270	54.000	742.000

27

1984 - SPRING/SUMMER

Memphis

| | GB 704 | LR 103 | GM 100 | LW 102 | GA 100 |

	DM	SFR	ÖS	US$	GB£	JP¥	LIT
GB 704 Black Divers	470	390	3.300	280	170	34.000	465.000
LR 103 Red 12-3-6-9	600	490	4.200	350	210	43.000	594.000
GM 100 Grey Memphis	2.900	2.380	20.400	1.710	1.030	209.000	2.869.000
LW 102 White Memphis	450	370	3.200	270	160	32.000	445.000
GA 100 Don't be too late	1.230	1.010	8.600	730	440	89.000	1.217.000

High Tech

| LA 100 | GB 002 | | LB 102 | GM 101 |

	DM	SFR	ÖS	US$	GB£	JP¥	LIT
LA 100 Miss Channel / Miss Pinstripe	180	150	1.300	110	60	13.000	178.000
GB 002 High Tech	880	720	6.200	520	310	63.000	871.000
- High Tech (blau / blue)	950	780	6.700	560	340	69.000	940.000
LB 102 High Tech	500	410	3.500	300	180	36.000	495.000
GM 101 Pirelli	950	780	6.700	560	340	69.000	940.000

1984 - SPRING/SUMMER

Meet me at the Carlyle

| | LM 102 | LB 103 | GM 400 | LM 103 | GN 702 |

	DM	SFR	ÖS	US$	GB£	JP¥	LIT
LM 102 Pirelli	550	450	3.900	320	200	40.000	544.000
LB 103 Classique	600	490	4.200	350	210	43.000	594.000
GM 400 Grey Markers	1.150	940	8.100	680	410	83.000	1.138.000
LM 103 Art Deco	550	450	3.900	320	200	40.000	544.000
GN 702 Navy Roman	350	290	2.500	210	120	25.000	346.000

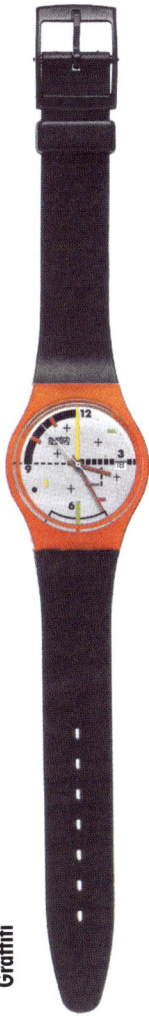

Graffiti

| | LN 102 | GT 102 | LT 100 | GR 401 | LR 104 |

	DM	SFR	ÖS	US$	GB£	JP¥	LIT
LN 102 Navy Roman	200	160	1.400	120	70	14.000	198.000
GT 102 Beige Arabic	600	490	4.200	350	210	43.000	594.000
LT 100 Beige Arabic	500	410	3.500	300	180	36.000	495.000
GR 401 Compu-Tech	1.600	1.310	11.200	940	570	115.000	1.583.000
LR 104 Squiggly	750	620	5.300	440	270	54.000	742.000

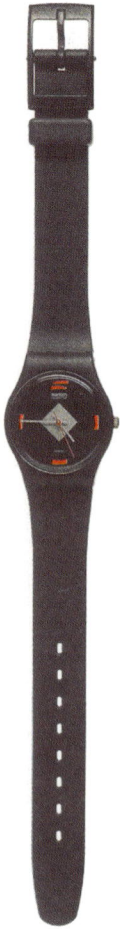

Aspen

High Tech

Savoy

| LA 101 | GB 403 | LB 104 | GA 101 | GB 101 re |

	DM	SFR	ÖS	US$	GB£	JP¥	LIT
LA 101 Mah-Jong	850	700	6.000	500	300	61.000	841.000
GB 403 Chrono-Tech	650	530	4.600	380	230	47.000	643.000
LB 104 Chrono-Tech	300	250	2.100	180	110	22.000	297.000
GA 101 High Tech II	1.100	900	7.700	650	390	79.000	1.088.000
GB 101 re Black Magic	1.100	900	7.700	650	390	79.000	1.088.000

GB 703 re   GT 103

	DM	SFR	ÖS	US$	GB£	JP¥	LIT
GB 703 re Classique	300	250	2.100	180	110	22.000	297.000
GT 103 Golden Tan	650	530	4.600	380	230	47.000	643.000

1985 - SPRING/SUMMER

Granita di Frutta

Coral Reef

| GK 100 | LW 107 | LW 105 | LW 106 | GW 104 |

	DM	SFR	ÖS	US$	GB£	JP¥	LIT
GK 100 Jelly Fish	530	430	3.700	310	190	38.000	524.000
LW 107 Raspberry	100	80	700	60	40	7.000	99.000
LW 105 Ice Mint	100	80	700	60	40	7.000	99.000
LW 106 Banana	100	80	700	60	40	7.000	99.000
GW 104 Dotted Swiss	140	110	1.000	80	50	9.500	139.000

(LW 107, LW 105 und LW 106 in Folie eingeschweißt x 500% / LW 107, LW 105 and LW 106 sealed in plastic x 500%)

34

Carlton

| LW 104 | GJ 700 | LS 102 | GM 701 | GA 102 |

	DM	SFR	ÖS	US$	GB£	JP¥	LIT
LW 104 Dotted Swiss	130	110	900	80	50	9.000	129.000
GJ 700 Yamaha Racer	370	300	2.600	220	130	27.000	366.000
LS 102 Tri Color Racer	200	160	1.400	120	70	14.000	198.000
GM 701 Calypso Diver	310	250	2.200	180	110	22.000	307.000
GA 102 Pinstripe	240	200	1.700	140	90	17.000	237.000

1985 - SPRING/SUMMER

Plaza

| | LB 106 | GB 706 | GB 706 | LB 107 | GB 705 |

	DM	SFR	ÖS	US$	GB£	JP¥	LIT
LB 106 Black Magic	160	130	1.100	90	60	12.000	158.000
GB 706 Classic	300	250	2.100	180	110	22.000	297.000
GB 706 Classic (Swatch AG Logo)	600	490	4.200	350	210	43.000	594.000
LB 107 Classic	350	290	2.500	210	120	25.000	346.000
GB 705 Nicholson	450	370	3.200	270	160	32.000	445.000

| LB 105 | GM 401 | LM 104 | GN 401 | LN 103 |

	DM	SFR	ÖS	US$	GB£	JP¥	LIT
LB 105 Nicholette	350	290	2.500	210	120	25.000	346.000
GM 401 Grey Flannell	950	780	6.700	560	340	69.000	940.000
LM 104 Grey Flannell	350	290	2.500	210	120	25.000	346.000
GN 401 Oxford Navy	850	700	6.000	500	300	61.000	841.000
LN 103 Oxford Navy	750	620	5.300	440	270	54.000	742.000

1985 - SPRING/SUMMER

Street Smart

| | LT 101 | GJ 100 | LR 105 | LB 108 | LM 105 |

	DM	SFR	ÖS	US$	GB£	JP¥	LIT
LT 101 Golden Tan	1.180	970	8.300	700	420	85.000	1.168.000
GJ 100 McGregor	590	480	4.100	350	210	43.000	584.000
LR 105 McSwatch	180	150	1.300	110	60	13.000	178.000
LB 108 Velvet Underground	130	110	900	80	50	9.000	129.000
LM 105 Sheherazade	90	70	600	50	30	6.000	89.000

Fleet Street

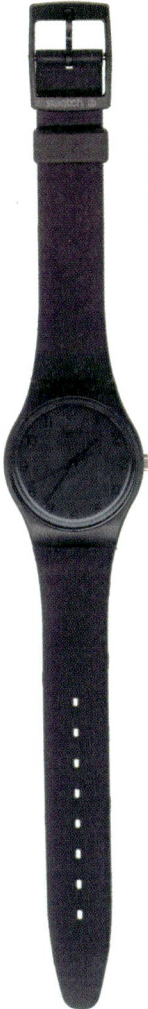

Richmond

Color Tech

| | | GA 103 | | GB 105 | | GB 404 | | LT 102 | | GK 101 |

	DM	SFR	ÖS	US$	GB£	JP¥	LIT
GA 103 INC.	270	220	1.900	160	100	19.000	267.000
GB 105 Blackout	430	350	3.000	250	150	31.000	425.000
GB 404	580	480	4.100	340	210	42.000	574.000
LT 102 BC/BG	120	100	800	70	40	9.000	119.000
GK 101 Techno-Sphere	390	320	2.700	230	140	28.000	386.000

LB 109

	DM	SFR	ÖS	US$	GB£	JP¥	LIT
LB 109 Neo-Quad	280	230	2.000	170	100	20.000	277.000

Aqua Love

| GK 102 | GK 102 | GK 102 | LK 101 | LK 100 |

	DM	SFR	ÖS	US$	GB£	JP¥	LIT
GK 102 Nautilus	330	270	2.300	190	120	24.000	327.000
GK 102 Nautilus (Dünne Zeiger / Thin Hands)	660	540	4.600	390	230	48.000	653.000
GK 102 Nautilus (Swatch AG Logo)	330	270	2.300	190	120	24.000	327.000
LK 101 Black Coral	140	110	1.000	80	50	10.000	139.000
LK 100 Aqua Dream	140	110	1.000	80	50	10.000	139.000

1986 - SPRING/SUMMER

Blue Nile

Neferititi

	GL 100	LG 102	GM 102	LL 101	GS 102

	DM	SFR	ÖS	US$	GB£	JP¥	LIT
GL 100 Tonga	280	230	2.000	170	100	20.000	277.000
LG 102 Gambela	100	80	700	60	40	7.000	99.000
GM 102 Osiris	380	310	2.700	220	130	27.000	376.000
LL 101 Horus	80	70	600	50	30	6.000	79.000
GS 102 Cosmic Encounter	330	270	2.300	190	120	24.000	327.000

Cassata

Calypso Beach

| GS 102 | LP 100 | GW 105 | LW 111 | GS 400 |

	DM	SFR	ÖS	US$	GB£	JP¥	LIT
GS 102 Cosmic Encounter (Viele Sterne / Many Stars)	680	560	4.800	400	240	49.000	673.000
LP 100 Pink Flamingo	100	80	700	60	40	7.000	99.000
GW 105 Ping Pong white	100	80	700	60	40	7.000	99.000
LW 111 Vasily	150	120	1.100	90	50	11.000	148.000
GS 400 Rotor	170	140	1.200	100	60	12.000	168.000

1986 - SPRING/SUMMER

Morgans

| | Dummy | LR 106 | GA 400 | GA 400 | LG 103 |

	DM	SFR	ÖS	US$	GB£	JP¥	LIT
Dummy Rotor	430	350	3.000	250	150	31.000	425.000
LR 106 Radar	230	190	1.600	140	80	17.000	228.000
GA 400 Ritz	550	450	3.900	320	200	40.000	544.000
GA 400 Ritz (Swatch AG Logo)	280	230	2.000	170	100	20.000	277.000
LG 103 Carlisle	110	90	800	60	40	8.000	109.000

Kiva

| GB 107 | GB 109 | GB 109 | LB 112 | GF 100 |

	DM	SFR	ÖS	US$	GB£	JP¥	LIT
GB 107 Mezza Luna	300	250	2.100	180	110	22.000	297.000
GB 109 Soto	290	240	2.000	170	100	21.000	287.000
GB 109 Soto (Swatch AG Logo)	160	130	1.100	90	60	12.000	158.000
LB 112 Chelsea	110	90	800	60	40	8.000	109.000
GF 100 Ruffeld Feathers	180	150	1.300	110	60	13.000	178.000

1986 - FALL/WINTER

Coat of Arms

LS 103　　GB 111　　LK 102　　GB 110　　LP 101

	DM	SFR	ÖS	US$	GB£	JP¥	LIT
LS 103 Running Water	120	100	800	70	40	9.000	119.000
GB 111 Sir Swatch	300	250	2.100	180	110	22.000	297.000
LK 102 Lionheart	80	70	600	50	30	6.000	79.000
GB 110 Lancelot	210	170	1.500	120	70	15.000	208.000
LP 101 Valkyrie	80	70	600	50	30	6.000	79.000

Cassata

Devil's Run

Astoria

| LL 100 | GG 703 | GW 106 | GG 401 | GG 101 |

	DM	SFR	ÖS	US$	GB£	JP¥	LIT
LL 100 Pink Dots	600	490	4.200	350	210	43.000	594.000
GG 703 Emerald Diver	240	200	1.700	140	90	17.000	237.000
GW 106 Ping Pong blue	100	80	700	60	40	7.000	99.000
GG 401 Club Stripe	140	110	1.000	80	50	10.000	139.000
GG 101 Club Stripe	740	610	5.200	440	260	53.000	732.000

1986 - FALL/WINTER

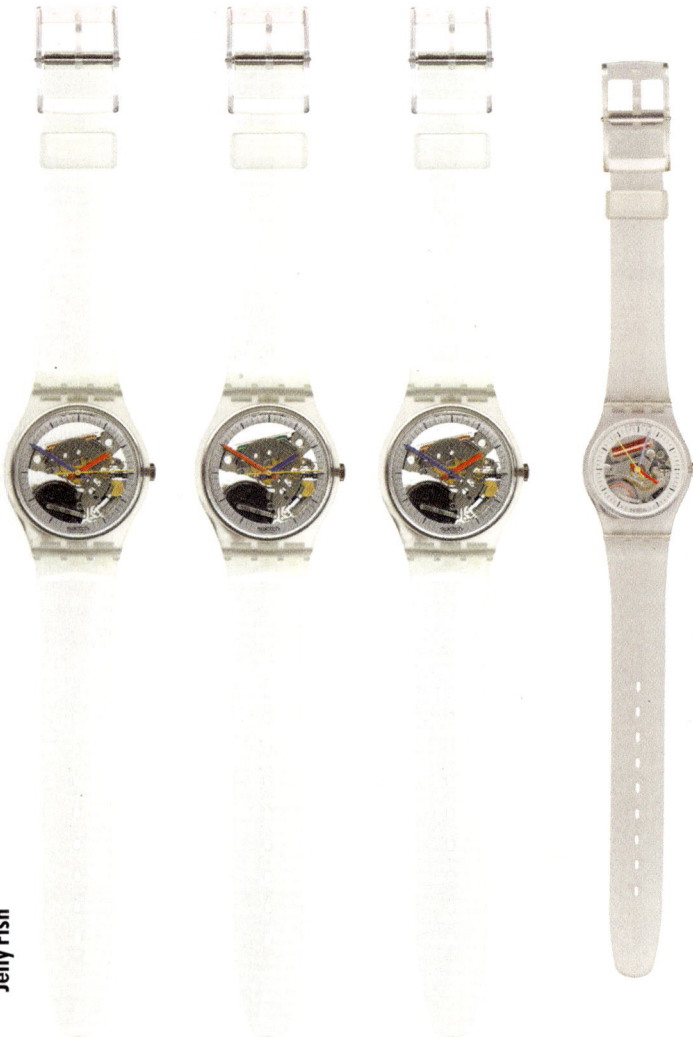

Jelly Fish

| | GK 100 re | GK 100 | GK 100 | LK 103 |

	DM	SFR	ÖS	US$	GB£	JP¥	LIT
GK 100 re Jelly Fish	230	190	1.600	140	80	17.000	228.000
GK 100 Jelly Fish (US-Version)	370	300	2.600	220	130	27.000	366.000
GK 100 Jelly Fish (Italy-Version)	470	390	3.300	280	170	34.000	465.000
LK 103 Little Jelly	150	120	1.100	90	50	11.000	148.000

Bora Bora

Journey to Samoa

	GB 113	LK 104	GL 400		LF 100

	DM	SFR	ÖS	US$	GB£	JP¥	LIT
GB 113 Waipitu	140	110	1.000	80	50	10.000	139.000
LK 104 Nafea	80	70	600	50	30	6.000	79.000
GL 400 Pago Pago	500	410	3.500	300	180	36.000	495.000
- Pago Pago (Ohne Datum / No Date)	3.200	2.620	22.500	1.890	1.140	231.000	3.166.000
LF 100 Blue Horizon	90	70	600	50	30	6.000	89.000

1987 - SPRING/SUMMER

Indigo Blues

Le petit dèjeuner

| GI 400 | GI 100 | GW 108 | LW 115 | LP 102 |

	DM	SFR	ÖS	US$	GB£	JP¥	LIT
GI 400 Blue Note	130	110	900	80	50	9.000	129.000
GI 100 Blue Note	500	410	3.500	300	180	36.000	495.000
GW 108 Newport Two	140	110	1.000	80	50	10.000	139.000
LW 115 Newport	140	110	1.000	80	50	10.000	139.000
LP 102 Kir Royale	90	70	600	50	30	6.000	89.000

Malibu Beach

| LW 113 | GW 109 | LW 114 | GB 707 | GB 707 |

	DM	SFR	ÖS	US$	GB£	JP¥	LIT
LW 113 Raspberry Shortcake	90	70	600	50	30	6.000	89.000
GW 109 Tutti Frutti	110	90	800	60	40	8.000	109.000
LW 114 Kasimir	220	180	1.500	130	80	16.000	218.000
GB 707 Navigator	200	160	1.400	120	70	14.000	198.000
GB 707 Navigator	650	530	4.600	380	230	47.000	643.000

1987 - SPRING/SUMMER

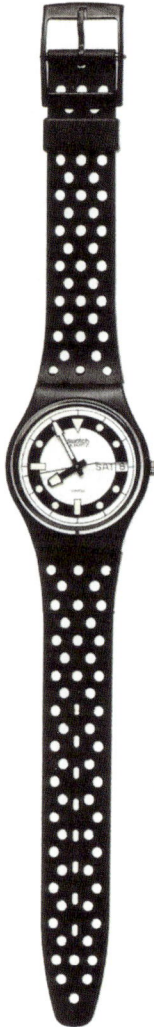

Cool Chic

| Dummy | LR 107 | GB 710 | GB 114 | GA 104 |

	DM	SFR	ÖS	US$	GB£	JP¥	LIT
Dummy Navigator	400	330	2.800	240	140	29.000	396.000
LR 107 Blue Racer	140	110	1.000	80	50	10.000	139.000
GB 710 Bandos Diver	300	250	2.100	180	110	22.000	297.000
GB 114 Vulcano	470	390	3.300	280	170	34.000	465.000
GA 104 Gray Flannell	200	160	1.400	120	70	14.000	198.000

Equinox

| | GA 105 | GA 401 | GW 400 | LW 112 | GW 107 |

	DM	SFR	ÖS	US$	GB£	JP¥	LIT
GA 105 Silver Circle	130	110	900	80	50	9.000	129.000
GA 401 Silver Circle	630	520	4.400	370	220	45.000	623.000
GW 400 Big Eclipse	190	160	1.300	110	70	14.000	188.000
LW 112 Little Eclipse	120	100	800	70	40	9.000	119.000
GW 107 White Out	140	110	1.000	80	50	10.000	139.000

1987 - SPRING/SUMMER

Mayfair

Clear Tech

Neo Geo

| LB 114 | GB 709 | LB 115 | GK 103 | GB 406 |

	DM	SFR	ÖS	US$	GB£	JP¥	LIT
LB 114 Black Pearl	140	110	1.000	80	50	10.000	139.000
GB 709 Classic Two	140	110	1.000	80	50	10.000	139.000
LB 115 Classic Two	200	160	1.400	120	70	14.000	198.000
GK 103 Turquoise Bay	200	160	1.400	120	70	14.000	198.000
GB 406 X Rated	520	430	3.700	310	180	38.000	514.000

Vienna Deco

		GB 117	LW 117	GB 116	GK 105	LK 105	

	DM	SFR	ÖS	US$	GB£	JP¥	LIT
GB 117 Nine to Six	150	120	1.100	90	50	11.000	148.000
LW 117 Speed Limit	80	70	600	50	30	6.000	79.000
GB 116 Mackintosh	310	250	2.200	180	110	22.000	307.000
GK 105 Calafatti	200	160	1.400	120	70	14.000	198.000
LK 105 Belvedere	80	70	600	50	30	6.000	79.000

1987 - FALL/WINTER

Pullman

Candy

| GF 102 | Dummy | LF 101 | LL 102 | LP 103 |

	DM	SFR	ÖS	US$	GB£	JP¥	LIT
GF 102 Borgo Nuovo	290	240	2.000	170	100	21.000	287.000
Dummy Borgo Nuovo (Zifferblatt / Face Transparent)	780	640	5.500	460	280	56.000	772.000
LF 101 Spiga	180	150	1.300	110	60	13.000	178.000
LL 102 Pink Cassata	90	70	600	50	30	6.000	89.000
LP 103 Blue Cassata	80	70	600	50	30	6.000	79.000

Nakiska Run

| LW 116 | GJ 101 | GB 115 | GK 106 | Dummy |

	DM	SFR	ÖS	US$	GB£	JP¥	LIT
LW 116 Nikolai	90	70	600	50	30	6.000	89.000
GJ 101 Follow me	180	150	1.300	110	60	13.000	178.000
GB 115 Commander	140	110	1.000	80	50	10.000	139.000
GK 106 Skyracer	230	190	1.600	140	80	17.000	228.000
Dummy Skyracer	550	450	3.900	320	200	40.000	544.000

1987 - FALL/WINTER

Blake's

| GA 107 | GK 104 | GY 108/9 | GF 101 | GB 119 |

	DM	SFR	ÖS	US$	GB£	JP¥	LIT
GA 107 High Moon	220	180	1.500	130	80	16.000	218.000
GK 104 Snowwhite	210	170	1.500	120	70	15.000	208.000
GY 108/9 Snowwhite	1.480	1.210	10.400	870	530	107.000	1.464.000
GF 101 Lazuli	380	310	2.700	220	130	27.000	376.000
GB 119 Marmorata	200	160	1.400	120	70	14.000	198.000

Connaught

Color Tech

| | LB 116 | GA 106 | LB 117 | LK 106 | LK 106 |

	DM	SFR	ÖS	US$	GB£	JP¥	LIT
LB 116 Classic Two	70	60	500	40	20	5.000	69.000
GA 106 Pulsometer	160	130	1.100	90	60	12.000	158.000
LB 117 Trevi	200	160	1.400	120	70	14.000	198.000
LK 106 Blue Bay	110	90	800	60	40	8.000	109.000
LK 106 Blue Bay	430	350	3.000	250	150	31.000	425.000

1988 - SPRING/SUMMER

Capri

Signal Corps

| | GK 108 | LK 108 | LK 109 | GB 408 | GB 121 |

	DM	SFR	ÖS	US$	GB£	JP¥	LIT
GK 108 Tintarella	190	160	1.300	110	70	14.000	188.000
LK 108 O'Sole Mio	90	70	600	50	30	6.000	89.000
LK 109 Luna di Capri	170	140	1.200	100	60	12.000	168.000
GB 408 Needles	150	120	1.100	90	50	11.000	148.000
GB 121 St. Catherine Point	260	210	1.800	150	90	19.000	257.000

Miami Deco

Chic 'n' Marine

| LW 118 | GB 407 | GB 120 | LK 107 | GW 401 |

	DM	SFR	ÖS	US$	GB£	JP¥	LIT
LW 118 Nab Light	100	80	700	60	40	7.000	99.000
GB 407 Coral Gables	170	140	1.200	100	60	12.000	168.000
GB 120 Coconut Grove	210	170	1.500	120	70	15.000	208.000
LK 107 Flamingo Deli	90	70	600	50	30	6.000	89.000
GW 401 Deauville	140	110	1.000	80	50	10.000	139.000

1988 - SPRING/SUMMER

Waikiki Beach

| | GW 111 | LW 120 | LN 104 | GW 110 | LW 119 |

	DM	SFR	ÖS	US$	GB£	JP¥	LIT
GW 111 Deauville	450	370	3.200	270	160	32.000	445.000
LW 120 Antibes	140	110	1.000	80	50	10.000	139.000
LN 104 Biarritz	230	190	1.600	140	80	17.000	228.000
GW 110 White Knight	130	110	900	80	50	9.000	129.000
LW 119 White Lady	90	70	600	50	30	6.000	89.000

GW 402	LW 121	GS 700	GS 103	GK 112

	DM	SFR	ÖS	US$	GB£	JP¥	LIT
GW 402 Green Wave	140	110	1.000	80	50	10.000	139.000
LW 121 Red Wave	160	130	1.100	90	60	12.000	158.000
GS 700 Backslash	130	110	900	80	50	9.000	129.000
GS 103 Backslash	200	160	1.400	120	70	14.000	198.000
GK 112 Speedweek	150	120	1.100	90	50	11.000	148.000

1988 - SPRING/SUMMER

Wall Street

Clear Tech

LK 110	GB 711	LB 118	GK 111	GK 110

	DM	SFR	ÖS	US$	GB£	JP¥	LIT
LK 110 Frontloop	190	160	1.300	110	70	14.000	188.000
GB 711 White Window	190	160	1.300	110	70	14.000	188.000
LB 118 Moneypenny	100	80	700	60	40	7.000	99.000
GK 111 Andromeda	160	130	1.100	90	60	12.000	158.000
GK 110 Dark Vader	170	140	1.200	100	60	12.000	168.000

Neospeed

Modern Fears

| GG 103 | GN 102 | LK 115 | LG 104 | GB 122 |

	DM	SFR	ÖS	US$	GB£	JP¥	LIT
GG 103 Neo Rider	170	140	1.200	100	60	12.000	168.000
GN 102 Flumotions	170	140	1.200	100	60	12.000	168.000
LK 115 Hot Racer	130	110	900	80	50	9.000	129.000
LG 104 Liquid Sky	110	90	800	60	40	8.000	109.000
GB 122 Coloured Love	230	190	1.600	140	80	17.000	228.000

1988 - FALL/WINTER

Maybridge

LB 120   GG 102   LL 103   Dummy   GX 104

	DM	SFR	ÖS	US$	GB£	JP¥	LIT
LB 120 Frozen Dreams	130	110	900	80	50	9.000	129.000
GG 102 Old Bond	200	160	1.400	120	70	14.000	198.000
LL 103 South Moulton	100	80	700	60	40	7.000	99.000
Dummy South Moulton (Zifferblatt / Face)	200	160	1.400	120	70	14.000	198.000
GX 104 Sloan Ranger	160	130	1.100	90	60	12.000	158.000

Loolypop

Top Flight

| LF 102 | LL 104 | LP 105 | GK 114 | GB 409 |

	DM	SFR	ÖS	US$	GB£	JP¥	LIT
LF 102 Beauchamps Place	140	110	1.000	80	50	10.000	139.000
LL 104 Pink Lolly	80	70	600	50	30	6.000	79.000
LP 105 Blue Lolly	90	70	600	50	30	6.000	89.000
GK 114 Take off	170	140	1.200	100	60	12.000	168.000
GB 409 Touch down	200	160	1.400	120	70	14.000	198.000

Wiakiki Beach

Paris Costes

| GB 712 | GB 712 | LK 117 | LK 116 | LB 119 |

	DM	SFR	ÖS	US$	GB£	JP¥	LIT
GB 712 Kailua Diver	430	350	3.000	250	150	31.000	425.000
Dummy Kailua Diver (Dicke Punkte / Big Dots)	350	290	2.500	210	120	25.000	346.000
LK 117 Frontloop Two	160	130	1.100	90	60	12.000	158.000
LK 116 Little Snowwhite	120	100	800	70	40	9.000	119.000
LB 119 Black Magic	120	100	800	70	40	9.000	119.000

Wall Street

| GX 105 | GY 112/3 | LK 112 | GB 713 | Dummy |

	DM	SFR	ÖS	US$	GB£	JP¥	LIT
GX 105 Sign of Samas	160	130	1.100	90	60	12.000	158.000
GY 112/3 Sign of Samas	250	210	1.800	150	90	18.000	247.000
LK 112 Midas Touch	110	90	800	60	40	8.000	109.000
GB 713 Tickertape	170	140	1.200	100	60	12.000	168.000
Dummy Tickertape II	1.000	820	7.000	590	360	72.000	989.000

Love Field

| GX 702 | GX 700 | GX 701 | GY 700/1 | GX 703 |

	DM	SFR	ÖS	US$	GBE	JP¥	LIT
GX 702 Black Hawk	160	130	1.100	90	60	12.000	158.000
GX 700 Albatross	160	130	1.100	90	60	12.000	158.000
GX 701 Tiger Moth	170	140	1.200	100	60	12.000	168.000
GY 700/1 Tiger Moth	600	490	4.200	350	210	43.000	594.000
GX 703 Courier	180	150	1.300	110	60	13.000	178.000

Clear Tech

Heavy Metal

| | GY 702/3 | GK 113 | LK 114 | GX 101 | GX 100 |

	DM	SFR	ÖS	US$	GB£	JP¥	LIT
GY 702/3 Courier	370	300	2.600	220	130	27.000	366.000
GK 113 Disque Bleu	150	120	1.100	90	50	11.000	148.000
LK 114 Disque Rouge	120	100	800	70	40	9.000	119.000
GX 101 Heartbreak	170	140	1.200	100	60	12.000	168.000
GX 100 Heartstone	160	130	1.100	90	60	12.000	158.000

1988 - FALL/WINTER

Kids Collection

	GY 106/7	GX 102	LW 123	LR 108	LP 106

	DM	SFR	ÖS	US$	GB£	JP¥	LIT
GY 106/7 Heartstone	320	260	2.200	190	110	23.000	317.000
GX 102 Golden Sphere	170	140	1.200	100	60	12.000	168.000
LW 123 Seventeen-seven	110	90	800	60	40	8.000	109.000
LR 108 Notebook	110	90	800	60	40	8.000	109.000
LP 106 Camouflage	190	160	1.300	110	70	14.000	188.000

LW 122

	DM	SFR	ÖS	US$	GB£	JP¥	LIT
LW 122 Paint by Numbers	160	130	1.100	90	60	12.000	158.000

1989 - SPRING/SUMMER

Paris - Alger

Street Smart

	GB 123	GR 104	GR 104	LN 105	GB 410

	DM	SFR	ÖS	US$	GB£	JP¥	LIT
GB 123 St. Germain	270	220	1.900	160	100	19.000	267.000
GR 104 Bar Oriental	270	220	1.900	160	100	19.000	267.000
GR 104 Bar Oriental	390	320	2.700	230	140	28.000	386.000
LN 105 Casbah Rock	160	130	1.100	90	60	12.000	158.000
GB 410 Taxi Stop	210	170	1.500	120	70	15.000	208.000

Alfresco

| LB 123 | GG 104 | GB 124 | GP 100 | LP 107 |

	DM	SFR	ÖS	US$	GB£	JP¥	LIT
LB 123 Lobro	130	110	900	80	50	9.000	129.000
GG 104 Shibuya	220	180	1.500	130	80	16.000	218.000
GB 124 Harajuku	350	290	2.500	210	120	25.000	346.000
GP 100 Rosehip	190	160	1.300	110	70	14.000	188.000
LP 107 Pinkdrip	140	110	1.000	80	50	10.000	139.000

1989 - SPRING/SUMMER

Wiakiki Beach

| | GW 403 | GW 112 | LW 124 | GB 712re | GK 115 |

	DM	SFR	ÖS	US$	GB£	JP¥	LIT
GW 403 Geoglo	110	90	800	60	40	8.000	109.000
GW 112 Geoglo	230	190	1.600	140	80	17.000	228.000
LW 124 Greengo	90	70	600	50	30	6.000	89.000
GB 712re Kailua Diver	180	150	1.300	110	60	13.000	178.000
GK 115 Bondi Diver	140	110	1.000	80	50	10.000	139.000

Bondi Beach

LP 108	LL 105	GB 714	LK 118	Dummy

	DM	SFR	ÖS	US$	GB£	JP¥	LIT
LP 108 Aqua Club	160	130	1.100	90	60	12.000	158.000
LL 105 Pink Champagne	210	170	1.500	120	70	15.000	208.000
GB 714 Wipeout	330	270	2.300	190	120	24.000	327.000
LK 118 Pink Betty	130	110	900	80	50	9.000	129.000
Dummy Pink Betty	200	160	1.400	120	70	14.000	198.000

1989 - SPRING/SUMMER

M.O.C.A.

GJ 102	GN 103	GX 109	GY 110/1	GB 715

	DM	SFR	ÖS	US$	GB£	JP¥	LIT
GJ 102 Hang Twelve	120	100	800	70	40	9.000	119.000
GN 103 Greenroom	150	120	1.100	90	50	11.000	148.000
GX 109 Glowing Arrow	230	190	1.600	140	80	17.000	228.000
GY 110/1 Glowing Arrow	750	620	5.300	440	270	54.000	742.000
GB 715 Color Window	190	160	1.300	110	70	14.000	188.000

Love Field

Buenos Aires

	LB 121	GB 411	GX 704	GX 704	GX 401

	DM	SFR	ÖS	US$	GB£	JP¥	LIT
LB 121 Silver Thread	140	110	1.000	80	50	10.000	139.000
GB 411 Grey Line	150	120	1.100	90	50	11.000	148.000
GX 704 High Flyer (Dünne Zeiger / Thin Hands)	150	120	1.100	90	50	11.000	148.000
GX 704 High Flyer	630	520	4.400	370	220	45.000	623.000
GX 401 Tango Azul	190	160	1.300	110	70	14.000	188.000

Hardwear

True Stories

| GX 402 | GY 102/3 | GY 100/1 | GY 104/5 | GB 128 |

	DM	SFR	ÖS	US$	GB£	JP¥	LIT
GX 402 Boca Verde	170	140	1.200	100	60	12.000	168.000
GY 102/3 Metalsphere	220	180	1.500	130	80	16.000	218.000
GY 100/1 Steeltech	260	210	1.800	150	90	19.000	257.000
GY 104/5 Coldsteel	250	210	1.800	150	90	18.000	247.000
GB 128 Eclipses	330	270	2.300	190	120	24.000	327.000

Metamorphosys

Dadali

| | GN 105 | LB 125 | GN 104 | LR 109 | GX 112 |

	DM	SFR	ÖS	US$	GB£	JP¥	LIT
GN 105 Rush for Heaven	240	200	1.700	140	90	17.000	237.000
LB 125 Sun Lady	120	100	800	70	40	9.000	119.000
GN 104 Blue Leaves	230	190	1.600	140	80	17.000	228.000
LR 109 Beaujolais	170	140	1.200	100	60	12.000	168.000
GX 112 Croque Monsieur	150	120	1.100	90	50	11.000	148.000

Rinascimento

| GB 125 | LN 107 | GB 127 | GB 126 | Dummy |

	DM	SFR	ÖS	US$	GB£	JP¥	LIT
GB 125 Figueiras	240	200	1.700	140	90	17.000	237.000
LN 107 Croque Moiselle	150	120	1.100	90	50	11.000	148.000
GB 127 Medici's	420	340	3.000	250	150	30.000	416.000
GB 126 Lucretia	240	200	1.700	140	90	17.000	237.000
Dummy Lucretia	460	380	3.200	270	160	33.000	455.000

Très Chic

Met Night

| | GX 111 | GX 110 | GX 403 | LX 100 | GX 706 |

	DM	SFR	ÖS	US$	GB£	JP¥	LIT
GX 111 Chic-on	130	110	900	80	50	9.000	129.000
GX 110 Greenie	160	130	1.100	90	60	12.000	158.000
GX 403 MBA	160	130	1.100	90	60	12.000	158.000
LX 100 Noblesse Oblige	140	110	1.000	80	50	10.000	139.000
GX 706 Bright Lights	150	120	1.100	90	50	11.000	148.000

1989 - FALL/WINTER

Artica

Geo Whites

		LB 124	GK 116	GX 113	LG 105	GW 113

	DM	SFR	ÖS	US$	GB£	JP¥	LIT
LB 124 Big City	90	70	600	50	30	6.000	89.000
GK 116 Lemon Iceberg	130	110	900	80	50	9.000	129.000
GX 113 Icebreaker	120	100	800	70	40	9.000	119.000
LG 105 Mint Icicle	80	70	600	50	30	6.000	79.000
GW 113 Alpine	80	70	600	50	30	6.000	79.000

Dream Waves

	LW 125	GG 105	GV 100	LN 106	LJ 101

	DM	SFR	ÖS	US$	GB£	JP¥	LIT
LW 125 Frost	70	60	500	40	20	5.000	69.000
GG 105 Sandy Mountains	150	120	1.100	90	50	11.000	148.000
GV 100 Stormy Weather	140	110	1.000	80	50	10.000	139.000
LN 106 Pink Hurrycane	110	90	800	60	40	8.000	109.000
LJ 101 Peak Season	130	110	900	80	50	9.000	129.000

Downtown Runners

Planetarium

| | GG 402 | GG 106 | GS 701 | GS 104 | GX 404 |

	DM	SFR	ÖS	US$	GB£	JP¥	LIT
GG 402 Petrodollar	120	100	800	70	40	9.000	119.000
GG 106 Petrodollar	180	150	1.300	110	60	13.000	178.000
GS 701 Blue Jet	130	110	900	80	50	9.000	129.000
GS 104 Blue Jet	180	150	1.300	110	60	13.000	178.000
GX 404 Moonquake	200	160	1.400	120	70	14.000	198.000

Irongate

GX 405	LX 101	GP 101/2	GY 400/1	GY 116/7

	DM	SFR	ÖS	US$	GB£	JP¥	LIT
GX 405 Metropolis	190	160	1.300	110	70	14.000	188.000
LX 101 Pluto	150	120	1.100	90	50	11.000	148.000
GP 101/2 Golden Bond	300	250	2.100	180	110	22.000	297.000
GY 400/1 Day Off	290	240	2.000	170	100	21.000	287.000
GY 116/7 Iron Man	210	170	1.500	120	70	15.000	208.000

1990 - SPRING/SUMMER

Comic Heroes

Lolita

Picnic in Roma

| GJ 103 | LN 111 | GW 700 | LW 126 | GV 101 |

	DM	SFR	ÖS	US$	GB£	JP¥	LIT
GJ 103 Robin	110	90	800	60	40	8.000	109.000
LN 111 Betty Lou	100	80	700	60	40	7.000	99.000
GW 700 Tutti	80	70	600	50	30	6.000	79.000
LW 126 Frutti	80	70	600	50	30	6.000	79.000
GV 101 Sogno	110	90	800	60	40	8.000	109.000

Tropical Fiesta

| LN 108 | LL 106 | GN 703 | GR 105 | LN 113 |

	DM	SFR	ÖS	US$	GB£	JP¥	LIT
LN 108 Signorina	150	120	1.100	90	50	11.000	148.000
LL 106 Audrey	160	130	1.100	90	60	12.000	158.000
GN 703 Passion Flower	120	100	800	70	40	9.000	119.000
GR 105 Mango Dream	110	90	800	60	40	8.000	109.000
LN 113 Papaya Swing	110	90	800	60	40	8.000	109.000

1990 - SPRING/SUMMER

African Graffiti

Desert Flowers

| GK 120 | LN 110 | GB 133 | Dummy | GX 116 |

	DM	SFR	ÖS	US$	GB£	JP¥	LIT
GK 120 African-can	130	110	900	80	50	9.000	129.000
LN 110 Bongo	110	90	800	60	40	8.000	109.000
GB 133 Gilda's Love	150	120	1.100	90	50	11.000	148.000
Dummy Gilda's Love	180	150	1.300	110	60	13.000	178.000
GX 116 Johnny Guitar	150	120	1.100	90	50	11.000	148.000

Bike Dance

Snorkeling

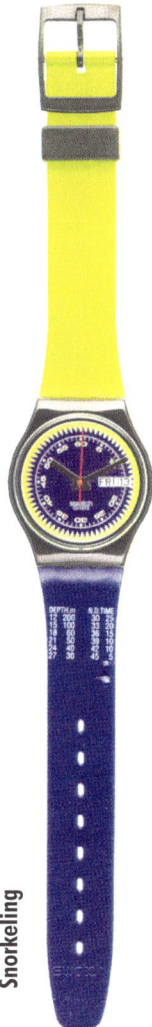

| GB 412 | GP 103 | LJ 102 | GB 718 | GV 102 |

	DM	SFR	ÖS	US$	GB£	JP¥	LIT
GB 412 Traffic Jam	110	90	800	60	40	8.000	109.000
GP 103 BMX	110	90	800	60	40	8.000	109.000
LJ 102 Fitless	80	70	600	50	30	6.000	79.000
GB 718 Blue Neptun	120	100	800	70	40	9.000	119.000
GV 102 Scoob-a-doo	110	90	800	60	40	8.000	109.000

Portofino

| | LN 109 | LN 112 | GB 131 | GB 132 | LI 100 |

	DM	SFR	ÖS	US$	GB£	JP¥	LIT
LN 109 Pink Mermaid	140	110	1.000	80	50	10.000	139.000
LN 112 Coral Beach	80	70	600	50	30	6.000	79.000
GB 131 Tender too	140	110	1.000	80	50	10.000	139.000
GB 132 Top Sail	130	110	900	80	50	9.000	129.000
LI 100 Forsail	100	80	700	60	40	7.000	99.000

Midnight Visit

Insider Tip

| | GB 717 | GB 134 | GB 134 | LB 127 | GB 716 |

	DM	SFR	ÖS	US$	GB£	JP¥	LIT
GB 717 The Burglar	200	160	1.400	120	70	14.000	198.000
GB 134 The Burglar	270	220	1.900	160	100	19.000	267.000
GB 134 The Burglar (ohne/no THREE)	1.200	980	8.400	710	430	87.000	1.187.000
LB 127 Black Night	80	70	600	50	30	6.000	79.000
GB 716 Knight of the Night	120	100	800	70	40	9.000	119.000

1990 - SPRING/SUMMER

Sky Walker

Highway Patrol

	GB 140	LB 126	GX 406	GK 117	GY 402/3

	DM	SFR	ÖS	US$	GB£	JP¥	LIT
GB 140 Knight of the Night	150	120	1.100	90	50	11.000	148.000
LB 126 Lady Glance	80	70	600	50	30	6.000	79.000
GX 406 Steel Feathers	150	120	1.100	90	50	11.000	148.000
GK 117 Turbine	110	90	800	60	40	8.000	109.000
GY 402/3 Stoplight	190	160	1.300	110	70	14.000	188.000

Mosaiques

| Dummy | GK 118/9 | LY 100 | GR 107 | LG 106 |

	DM	SFR	ÖS	US$	GB£	JP¥	LIT
Dummy Stoplight (Datum / Date)	380	310	2.700	220	130	27.000	376.000
GK 118/9 Red Line	150	120	1.100	90	50	11.000	148.000
LY 100 Freeway	130	110	900	80	50	9.000	129.000
GR 107 Ravenna	130	110	900	80	50	9.000	129.000
LG 106 Byzanthium	100	80	700	60	40	7.000	99.000

Medieval

Versailles

| | GB 135 | LK 120 | GN 107 | GR 106 | LA 102 |

	DM	SFR	ÖS	US$	GB£	JP¥	LIT
GB 135 Tristan	120	100	800	70	40	9.000	119.000
LK 120 Isolde	80	70	600	50	30	6.000	79.000
GN 107 Stucchi	250	210	1.800	150	90	18.000	247.000
GR 106 Louis Louis	160	130	1.100	90	60	12.000	158.000
LA 102 Brode d'Or	80	70	600	50	30	6.000	79.000

Radio Days

Home Made

| GB 720 | GX 119 | GX 119 | LF 105 | GX 114 |

	DM	SFR	ÖS	US$	GB£	JP¥	LIT
GB 720 Broadcast	130	110	900	80	50	9.000	129.000
GX 119 Blue Tune	130	110	900	80	50	9.000	129.000
GX 119 Blue Tune (Spiegel / Mirror)	480	390	3.400	280	170	35.000	475.000
LF 105 Short Wave	90	70	600	50	30	6.000	89.000
GX 114 Country-Side	150	120	1.100	90	50	11.000	148.000

Mendini's

| Dummy | GX 115 | LF 104 | Dummy | GM 103 |

	DM	SFR	ÖS	US$	GB£	JP¥	LIT
Dummy Country-Side	170	140	1.200	100	60	12.000	168.000
GX 115 Real Stuff	250	210	1.800	150	90	18.000	247.000
LF 104 True West	120	100	800	70	40	9.000	119.000
Dummy True West	180	150	1.300	110	60	13.000	178.000
GM 103 Cosmesis	160	130	1.100	90	60	12.000	158.000
Real Stuff Dummy (No Photo)	250	210	1.800	150	90	18.000	247.000

Freeport

Alu Cosmos

GN 109	GW 701	GW 114	LW 127	GK 122

	DM	SFR	ÖS	US$	GB£	JP¥	LIT
GN 109 Metroscape	130	110	900	80	50	9.000	129.000
GW 701 Short Leave	90	70	600	50	30	6.000	89.000
GW 114 Short Leave	170	140	1.200	100	60	12.000	168.000
LW 127 Port-o-call	80	70	600	50	30	6.000	79.000
GK 122 Hacker's Reward	130	110	900	80	50	9.000	129.000

1990 - FALL/WINTER

Sprint

| | GN 108 | LL 107 | LJ 103 | GB 721 | GJ 104 |

	DM	SFR	ÖS	US$	GB£	JP¥	LIT
GN 108 Computrip	110	90	800	60	40	8.000	109.000
LL 107 Saturniac	140	110	1.000	80	50	10.000	139.000
LJ 103 Neutrino	130	110	900	80	50	9.000	129.000
GB 721 World Record	130	110	900	80	50	9.000	129.000
GJ 104 Honor Ride	120	100	800	70	40	9.000	119.000

Sport Trophy

	LK 119	GN 106	GN 704	GN 113	LI 101

	DM	SFR	ÖS	US$	GB£	JP¥	LIT
LK 119 Pink Podium	80	70	600	50	30	6.000	79.000
GN 106 Hopscotch	120	100	800	70	40	9.000	119.000
GN 704 Good Shape	110	90	800	60	40	8.000	109.000
GN 113 Good Shape	140	110	1.000	80	50	10.000	139.000
LI 101 Gym Session	90	70	600	50	30	6.000	89.000

Tea for Two

Derby

| GX 707 | LX 103 | GX 117 | GX 407 | GX 118 |

	DM	SFR	ÖS	US$	GB£	JP¥	LIT
GX 707 English Breakfast	120	100	800	70	40	9.000	119.000
LX 103 Darjelling	80	70	600	50	30	6.000	79.000
GX 117 Ascot	110	90	800	60	40	8.000	109.000
GX 407 Stirling Rush	150	120	1.100	90	50	11.000	148.000
GX 118 Bookey's Bet	130	110	900	80	50	9.000	129.000

Fort Knox

| Dummy | LX 104 | Dummy | GK 127/8 | GG 107/8 |

	DM	SFR	ÖS	US$	GB£	JP¥	LIT
Dummy Bookey's Bet (VI = IV)	600	490	4.200	350	210	43.000	594.000
LX 104 Tough Turf	110	90	800	60	40	8.000	109.000
Dummy Tough Turf (VI = IV)	380	310	2.700	220	130	27.000	376.000
GK 127/8 Copper Dusk	160	130	1.100	90	60	12.000	158.000
GG 107/8 Silver Rivet	270	220	1.900	160	100	19.000	267.000

Dummy   LK 121   GK 100 re

	DM	SFR	ÖS	US$	GB£	JP¥	LIT
Dummy Silver Rivet (Sekundenzeiger / Secondhand)	450	370	3.200	270	160	32.000	445.000
LK 121 Blade Runner	130	110	900	80	50	9.000	129.000
GK 100 re Jelly Fish	250	210	1.800	150	90	18.000	247.000

Classic Whitw

Appointed by

Architecture

| GK 129 | LK 123 | GB 136 | LN 114 | GM 104 |

	DM	SFR	ÖS	US$	GB£	JP¥	LIT
GK 129 R.S.V.P.	90	70	600	50	30	6.000	89.000
LK 123 Golden Bride	80	70	600	50	30	6.000	79.000
GB 136 Fortnum	90	70	600	50	30	6.000	89.000
LN 114 Mason	90	70	600	50	30	6.000	89.000
GM 104 Obelisque	90	70	600	50	30	6.000	89.000

1991 - SPRING/SUMMER

Roman Classics

Dancing Steps

		LX 106	GB 722		LB 128	GB 138		GX 708

	DM	SFR	ÖS	US$	GB£	JP¥	LIT
LX 106 Lutece	80	70	600	50	30	6.000	79.000
GB 722 Nero	90	70	600	50	30	6.000	89.000
LB 128 Julia	110	90	800	60	40	8.000	109.000
GB 138 Tip Tap	120	100	800	70	40	9.000	119.000
GX 708 One Step	100	80	700	60	40	7.000	99.000

Bright Flags

| GX 120 | LP 109 | GK 130 | GN 705 | LK 122 |

	DM	SFR	ÖS	US$	GB£	JP¥	LIT
GX 120 Be Bop	120	100	800	70	40	9.000	119.000
LP 109 Polka	90	70	600	50	30	6.000	89.000
GK 130 Reflector	90	70	600	50	30	6.000	89.000
GN 705 Skychart	100	80	700	60	40	7.000	99.000
LK 122 Strawberry Fields	80	70	600	50	30	6.000	79.000

Flower Basket

Rock-oco-Dream

GL 101	LR 110	LL 109	GR 109	GK 132

	DM	SFR	ÖS	US$	GB£	JP¥	LIT
GL 101 Ibiskus	110	90	800	60	40	8.000	109.000
LR 110 Exotica	100	80	700	60	40	7.000	99.000
LL 109 Dahlia	100	80	700	60	40	7.000	99.000
GR 109 The Boss	90	70	600	50	30	6.000	89.000
GK 132 Amneris	90	70	600	50	30	6.000	89.000

Color of Money

Leonardos

Fancy Gems

GM 106	GG 110	GB 139	LK 124	GN 110/1

	DM	SFR	ÖS	US$	GB£	JP¥	LIT
GM 106 Mark	150	120	1.100	90	50	11.000	148.000
GG 110 Franco	120	100	800	70	40	9.000	119.000
GB 139 Engineer	90	70	600	50	30	6.000	89.000
LK 124 Vincis Twist	90	70	600	50	30	6.000	89.000
GN 110/1 Saphire Shade	160	130	1.100	90	60	12.000	158.000

1991 - SPRING/SUMMER

World Tour

Press Release

| Dummy | LP 110 | GB 137 | LV 100 | GN 112 |

	DM	SFR	ÖS	US$	GB£	JP¥	LIT
Dummy Saphire Shade (Geschlossen / Closed)	270	220	1.900	160	100	19.000	267.000
LP 110 Pink Nugget	150	120	1.100	90	50	11.000	148.000
GB 137 The Globe	120	100	800	70	40	9.000	119.000
LV 100 Compass	100	80	700	60	40	7.000	99.000
GN 112 Bold Face	100	80	700	60	40	7.000	99.000

Beach Graffiti

Stock Exchange

| | GK 131 | GK 133 | GJ 105 | LL 108 | GB 413 |

	DM	SFR	ÖS	US$	GB£	JP¥	LIT
GK 131 Typesetter	100	80	700	60	40	7.000	99.000
GK 133 Bermudas	110	90	800	60	40	8.000	109.000
GJ 105 Bikini	100	80	700	60	40	7.000	99.000
LL 108 Hula	120	100	800	70	40	9.000	119.000
GB 413 Fixing	70	60	500	40	20	5.000	69.000

1991 - FALL/WINTER

Classic Heroes

Grand Hotel

Night Vision

| LB 129 | GB 723 | GX 408 | LM 106 | GM 107 |

	DM	SFR	ÖS	US$	GB£	JP¥	LIT
LB 129 Investment	70	60	500	40	20	5.000	69.000
GB 723 Genji	130	110	900	80	50	9.000	129.000
GX 408 Beau	90	70	600	50	30	6.000	89.000
LM 106 Debutante	70	60	500	40	20	5.000	69.000
GM 107 High Beam	120	100	800	70	40	9.000	119.000

Paris Spree

GM 107	GB 414	Dummy	GG 114	GX 121

	DM	SFR	ÖS	US$	GB£	JP¥	LIT
GM 107 High Beam (Blaue Zeiger / Blue Hands) ...	130	110	900	80	50	9.000	129.000
GB 414 Spot Flash	160	130	1.100	90	60	12.000	158.000
Dummy Spot Flash (Datum / Date)	430	350	3.000	250	150	31.000	425.000
GG 114 Galleria	120	100	800	70	40	9.000	119.000
GX 121 Plaza	120	100	800	70	40	9.000	119.000

Caviars

LX 108	GK 137/8	GK 135/6	LL 111	Dummy

	DM	SFR	ÖS	US$	GB£	JP¥	LIT
LX 108 Boutique	120	100	800	70	40	9.000	119.000
GK 137/8 Asetra	460	380	3.200	270	160	33.000	455.000
GK 135/6 Karaburun	240	200	1.700	140	90	17.000	237.000
LL 111 Sevruga	150	120	1.100	90	50	11.000	148.000
Dummy Sevruga (Sekundenzeiger / Secondhand)	450	370	3.200	270	160	32.000	445.000

Raceworld

Cold Fever

| | GK 700 | GL 102 | GJ 106 | GG 113 | GN 115 |

	DM	SFR	ÖS	US$	GB£	JP¥	LIT
GK 700 Giro	90	70	600	50	30	6.000	89.000
GL 102 Tour	90	70	600	50	30	6.000	89.000
GJ 106 Champ	100	80	700	60	40	7.000	99.000
GG 113 Stalefish	100	80	700	60	40	7.000	99.000
GN 115 Nosewheelie	100	80	700	60	40	7.000	99.000

1991 - FALL/WINTER

Decode

	LK 127	LL 110	GN 114	GB 141	GB 145

	DM	SFR	ÖS	US$	GB£	JP¥	LIT
LK 127 Stiffy	90	70	600	50	30	6.000	89.000
LL 110 Hice-Speed	80	70	600	50	30	6.000	79.000
GN 114 Blue Flamingo	130	110	900	80	50	9.000	129.000
GB 141 Gold Inlay	160	130	1.100	90	60	12.000	158.000
GB 145 Black Inlay	200	160	1.400	120	70	14.000	198.000

Giacon's

Thun's

| | GK 139 | GG 111 | GV 103 | GV 105 | LK 126 |

	DM	SFR	ÖS	US$	GB£	JP¥	LIT
GK 139 Gulp !!!	130	110	900	80	50	9.000	129.000
GG 111 Crash !!!	130	110	900	80	50	9.000	129.000
GV 103 Rara Avis	130	110	900	80	50	9.000	129.000
GV 105 Pink Avis	180	150	1.300	110	60	13.000	178.000
LK 126 Montebello	90	70	600	50	30	6.000	89.000

1991 - FALL/WINTER

Lovefrieze

D.J. Ten - Strikes

| | GG 112 | LV 101 | GK 134 | GR 110 | GR 113 |

	DM	SFR	ÖS	US$	GB£	JP¥	LIT
GG 112 Cupydus	160	130	1.100	90	60	12.000	158.000
LV 101 Sappho	120	100	800	70	40	9.000	119.000
GK 134 Rave	80	70	600	50	30	6.000	79.000
GR 110 Cubistic Rap	100	80	700	60	40	7.000	99.000
GR 113 Hot Rap	140	110	1.000	80	50	10.000	139.000

Hi-Class

Grande Capo

| GK 400 | GK 401 | LK 128 | GX 709 | GX 122 |

	DM	SFR	ÖS	US$	GB£	JP¥	LIT
GK 400 Blu-Lui	110	90	800	60	40	8.000	109.000
GK 401 Grüne-Lui	90	70	600	50	30	6.000	89.000
LK 128 Rote-Lei	80	70	600	50	30	6.000	79.000
GX 709 C. E. O.	140	110	1.000	80	50	10.000	139.000
GX 122 P. D. G.	120	100	800	70	40	9.000	119.000

1992 - SPRING/SUMMER

Classic Three

Mirror City

The Sailor's

| GB 725 | LB 130 | GB 144 | GK 702 | GK 140 |

	DM	SFR	ÖS	US$	GB£	JP¥	LIT
GB 725 Classic Three	80	70	600	50	30	6.000	79.000
LB 130 Classic Three	70	60	500	40	20	5.000	69.000
GB 144 After Dark	120	100	800	70	40	9.000	119.000
GK 702 Open Window	100	80	700	60	40	7.000	99.000
GK 140 Blue Anchorage	110	90	800	60	40	8.000	109.000

Spirit Boost

Thermas

| LK 130 | GB 724 | GN 117 | GK 701 | GK 141 |

	DM	SFR	ÖS	US$	GB£	JP¥	LIT
LK 130 Red Knot	100	80	700	60	40	7.000	99.000
GB 724 Batticuore	120	100	800	70	40	9.000	119.000
GN 117 Schnell	80	70	600	50	30	6.000	79.000
GK 701 High Pressure	70	60	500	40	20	5.000	69.000
GK 141 Discobolus	100	80	700	60	40	7.000	99.000

1992 - SPRING/SUMMER

Pot Pourri

Orchestra

| GR 111 | GG 115 | LK 131 | GV 104 | LK 132 |

	DM	SFR	ÖS	US$	GB£	JP¥	LIT
GR 111 Tedophorus	100	80	700	60	40	7.000	99.000
GG 115 Mazzolino	140	110	1.000	80	50	10.000	139.000
LK 131 Piastrella	90	70	600	50	30	6.000	89.000
GV 104 Tuba	100	80	700	60	40	7.000	99.000
LK 132 Piccolo	70	60	500	40	20	5.000	69.000

Trash Mania

City Cocktail

| | GB 143 | GB 146 | LK 129 | LK 136 | GX 123 |

	DM	SFR	ÖS	US$	GB£	JP¥	LIT
GB 143 EAN Code	100	80	700	60	40	7.000	99.000
GB 146 Global Right	130	110	900	80	50	9.000	129.000
LK 129 Coupon	120	100	800	70	40	9.000	119.000
LK 136 World Order	170	140	1.200	100	60	12.000	168.000
GX 123 Alexander	120	100	800	70	40	9.000	119.000

1992 - SPRING/SUMMER

Candelights

Aqua Fun

| GK 144 | LN 115 | GK 142/3 | LK 133 | GG 116 |

	DM	SFR	ÖS	US$	GB£	JP¥	LIT
GK 144 Daiquiri	110	90	800	60	40	8.000	109.000
LN 115 Gin Rosa	100	80	700	60	40	7.000	99.000
GK 142/3 Golden Waltz	220	180	1.500	130	80	16.000	218.000
LK 133 Perlage	140	110	1.000	80	50	10.000	139.000
GG 116 Frische Fische	150	120	1.100	90	50	11.000	148.000

Beach Combers

Marocolor

LK 135	GJ 107	GN 118	LK 134	GL 103

	DM	SFR	ÖS	US$	GB£	JP¥	LIT
LK 135 Rising Star	90	70	600	50	30	6.000	89.000
GJ 107 Wave Rebel	90	70	600	50	30	6.000	89.000
GN 118 Hookipa	120	100	800	70	40	9.000	119.000
LK 134 Red Cloud	80	70	600	50	30	6.000	79.000
GL 103 Mogador	100	80	700	60	40	7.000	99.000

1992 - SPRING/SUMMER

Zoo Loo

Lightshine

	GL 104	LP 111	LP 112	GR 112	GK 704

	DM	SFR	ÖS	US$	GB£	JP¥	LIT
GL 104 Casbah	120	100	800	70	40	9.000	119.000
LP 111 Essaouira	90	70	600	50	30	6.000	89.000
LP 112 Minaret	150	120	1.100	90	50	11.000	148.000
GR 112 Chicchirichi	120	100	800	70	40	9.000	119.000
GK 704 Jefferson	100	80	700	60	40	7.000	99.000

Leathership

Stone Washed

| LK 137 | GX 409 | GX 124 | LB 131 | GK 145 |

	DM	SFR	ÖS	US$	GB£	JP¥	LIT
LK 137 Barbarella 70		60	500	40	20	5.000	69.000
GX 409 George 90		70	600	50	30	6.000	89.000
GX 124 George 190		160	1.300	110	70	14.000	188.000
LB 131 Raissa 100		80	700	60	40	7.000	99.000
GK 145 Delave 110		90	800	60	40	8.000	109.000
George Dummy (No Photo) 90		70	600	50	30	6.000	89.000
(Ohne Metallgehäuse/No Metal Case)	**127**						

1992 - FALL/WINTER

Schwarz-ing

| LK 139 | GK 703 | GM 108 | Dummy | Dummy |

	DM	SFR	ÖS	US$	GB£	JP¥	LIT
LK 139 Bleached	90	70	600	50	30	6.000	89.000
GK 703 Gutenberg	160	130	1.100	90	60	12.000	158.000
GM 108 Nüni	100	80	700	60	40	7.000	99.000
Dummy Nüni (Fuor)	200	160	1.400	120	70	14.000	198.000
Dummy Nüni (Fuor + grau / grey)	450	370	3.200	270	160	32.000	445.000

Classic For

Giro del Mondo

| | | GB 726 | LB 132 | GN 121 | GJ 108 | LJ 104 |

	DM	SFR	ÖS	US$	GB£	JP¥	LIT
GB 726 Classic For	80	70	600	50	30	6.000	79.000
LB 132 Classic For	70	60	500	40	20	5.000	69.000
GN 121 North Pole	90	70	600	50	30	6.000	89.000
GJ 108 Artic Star	80	70	600	50	30	6.000	79.000
LJ 104 Polar Ice	90	70	600	50	30	6.000	89.000

LK 138

Brides de Gala

GN 119

LV 102

Curtain Call

GN 120

GG 119

	DM	SFR	ÖS	US$	GB£	JP¥	LIT
LK 138 Snow Collage	80	70	600	50	30	6.000	79.000
GN 119 Perroquet	120	100	800	70	40	9.000	119.000
LV 102 Fleur de Lyss	130	110	900	80	50	9.000	129.000
GN 120 Back Stage	130	110	900	80	50	9.000	129.000
GG 119 Palco	100	80	700	60	40	7.000	99.000

Sport Code

Fashion Square

| | GK 402 | GK 146 | LN 116 | GB 147 | GM 109 |

	DM	SFR	ÖS	US$	GB£	JP¥	LIT
GK 402 Black Line	90	70	600	50	30	6.000	89.000
GK 146 Stream	80	70	600	50	30	6.000	79.000
LN 116 High Heel	80	70	600	50	30	6.000	79.000
GB 147 Tweed	100	80	700	60	40	7.000	99.000
GM 109 Tailleur	100	80	700	60	40	7.000	99.000

1992 - FALL/WINTER

Airports

Troikas

GB 416	GM 110	Dummy	LX 109	GG 117

	DM	SFR	ÖS	US$	GB£	JP¥	LIT
GB 416 Barajas	110	90	800	60	40	8.000	109.000
GM 110 Orly	120	100	800	70	40	9.000	119.000
Dummy Orly (Kein / No Hologram)	440	360	3.100	260	160	32.000	435.000
LX 109 Malpensa	120	100	800	70	40	9.000	119.000
GG 117 Curling	90	70	600	50	30	6.000	89.000

Igort's

Fairy Tales

Hearts of 70's

| LN 117 | GG118 | GB 148 | GB 149 | GK 147 |

	DM	SFR	ÖS	US$	GB£	JP¥	LIT
LN 117 Ski Slope	80	70	600	50	30	6.000	79.000
GG118 Yuri	120	100	800	70	40	9.000	119.000
GB 148 Baiser d'Antan	100	80	700	60	40	7.000	99.000
GB 149 Glance	120	100	800	70	40	9.000	119.000
GK 147 Gruau	90	70	600	50	30	6.000	89.000

Tooling

GN 122	GN 123/4	GK 148/9	GG 403/4	Dummy

	DM	SFR	ÖS	US$	GB£	JP¥	LIT
GN 122 Photoshooting	140	110	1.000	80	50	10.000	139.000
GN 123/4 Gold Smile	200	160	1.400	120	70	14.000	198.000
GK 148/9 Blue Segment	170	140	1.200	100	60	12.000	168.000
GG 403/4 Steel Lite	250	210	1.800	150	90	18.000	247.000
Dummy Steel Lite (Transparent)	800	660	5.600	470	280	58.000	792.000

Dummy

	DM	SFR	ÖS	US$	GB£	JP¥	LIT
Dummy Steel Lite (Matt)	380	310	2.700	220	130	27.000	376.000

Nostalgic Carnival

Classic Cinque

Hollywood Leather

GP 105	GB 727	LB 133	GK 150	LK 140

	DM	SFR	ÖS	US$	GB£	JP¥	LIT
GP 105 Masquerade	100	80	700	60	40	7.000	99.000
GB 727 Classic Cinque	80	70	600	50	30	6.000	79.000
LB 133 Classic Cinque	80	70	600	50	30	6.000	79.000
GK 150 Cool Fred	100	80	700	60	40	7.000	99.000
LK 140 Ginger Elle	90	70	600	50	30	6.000	89.000

Summer Sun

| GL 105 | GK 151 | Dummy | LV 103 | LK 141 |

	DM	SFR	ÖS	US$	GB£	JP¥	LIT
GL 105 Soleil	80	70	600	50	30	6.000	79.000
GK 151 Sol	80	70	600	50	30	6.000	79.000
Dummy Sol	360	300	2.500	210	130	26.000	356.000
LV 103 Été	80	70	600	50	30	6.000	79.000
LK 141 Summer	90	70	600	50	30	6.000	89.000

1993 - SPRING/SUMMER

Classic 2000

Cactus

| | GB 728 | GB 153 | LB 134 | GK 154 | GN 126 |

	DM	SFR	ÖS	US$	GB£	JP¥	LIT
GB 728 TEE	80	70	600	50	30	6.000	79.000
GB 153 TEE	190	160	1.300	110	70	14.000	188.000
LB 134 TGV	80	70	600	50	30	6.000	79.000
GK 154 Cuzco	120	100	800	70	40	9.000	119.000
GN 126 Cancun	120	100	800	70	40	9.000	119.000

Holiday Games

Leather Games

| GK 153 | GN 125 | LG 107 | Dummy | GN 706 |

	DM	SFR	ÖS	US$	GB£	JP¥	LIT
GK 153 Beach Volley	90	70	600	50	30	6.000	89.000
GN 125 Crazy Eight	90	70	600	50	30	6.000	89.000
LG 107 Pelota	80	70	600	50	30	6.000	79.000
Dummy Pelota (Bandfarbe / Band Color)	260	210	1.800	150	90	19.000	257.000
GN 706 Diamonds	120	100	800	70	40	9.000	119.000

1993 - SPRING/SUMMER

| GN 133 | GK 152 | GM 402 | GM 142 | LX 110 |

	DM	SFR	ÖS	US$	GB£	JP¥	LIT
GN 133 Diamonds	250	210	1.800	150	90	18.000	247.000
GK 152 Spades	100	80	700	60	40	7.000	99.000
GM 402 Clubs	120	100	800	70	40	9.000	119.000
GM 142 Clubs	350	290	2.500	210	120	25.000	346.000
LX 110 Hearts	110	90	800	60	40	8.000	109.000

Curry Taxi

Metal Skies

| | GX 125 | GM 111 | GG 704 | GG 124 | LP 113 |

	DM	SFR	ÖS	US$	GB£	JP¥	LIT
GX 125 Dehli	100	80	700	60	40	7.000	99.000
GM 111 Sari	100	80	700	60	40	7.000	99.000
GG 704 Greenset	90	70	600	50	30	6.000	89.000
GG 124 Greenset	210	170	1.500	120	70	15.000	208.000
LP 113 Dawn	80	70	600	50	30	6.000	79.000

1993 - SPRING/SUMMER

Playa

Deco Stones

| GO 100 | GJ 109 | GK 158/9 | GK 160/1 | LK 142 |

	DM	SFR	ÖS	US$	GB£	JP¥	LIT
GO 100 Ombrellone	80	70	600	50	30	6.000	79.000
GJ 109 Chaise Longue	80	70	600	50	30	6.000	79.000
GK 158/9 Black Jade	130	110	900	80	50	9.000	129.000
GK 160/1 White Onyx	230	190	1.600	140	80	17.000	228.000
LK 142 Tourmaline	150	120	1.100	90	50	11.000	148.000

Souveniers

Swatch Diner

| GV 700 | GV 106 | GN 127 | GK 155 | Dummy |

	DM	SFR	ÖS	US$	GB£	JP¥	LIT
GV 700 Fluo Seal	110	90	800	60	40	8.000	109.000
GV 106 Fluo Seal	350	290	2.500	210	120	25.000	346.000
GN 127 Postcard	90	70	600	50	30	6.000	89.000
GK 155 Tin Toy	100	80	700	60	40	7.000	99.000
Dummy Tin Toy (Dicke Punkte / Big Dots)	160	130	1.100	90	60	12.000	158.000

1993 - SPRING/SUMMER

Nathlie's

Azulejos

| GB 151 | GR 114 | GN 129 | GN 128 | LN 118 |

	DM	SFR	ÖS	US$	GB£	JP¥	LIT
GB 151 Big Enuff	90	70	600	50	30	6.000	89.000
GR 114 Fritto Misto	140	110	1.000	80	50	10.000	139.000
GN 129 Paella	90	70	600	50	30	6.000	89.000
GN 128 Algarve	130	110	900	80	50	9.000	129.000
LN 118 Mariana	100	80	700	60	40	7.000	99.000

Classic Six

Tranquille

	GM 703	GM 120	LM 107	GK 162	LK 143

	DM	SFR	ÖS	US$	GB£	JP¥	LIT
GM 703 Sixy Three Lui	90	70	600	50	30	6.000	89.000
GM 120 Sixy Three Lui	160	130	1.100	90	60	12.000	158.000
LM 107 Sixy Five Lei	80	70	600	50	30	6.000	79.000
GK 162 Tisane	90	70	600	50	30	6.000	89.000
LK 143 Infusion	80	70	600	50	30	6.000	79.000

1993 - FALL/WINTER

Granduation

GK 707	GK 176	GX 410	GX 127	GN 130

	DM	SFR	ÖS	US$	GB£	JP¥	LIT
GK 707 Top Class	110	90	800	60	40	8.000	109.000
GK 176 Top Class	250	210	1.800	150	90	18.000	247.000
GX 410 Bachelor	110	90	800	60	40	8.000	109.000
GX 127 Bachelor	250	210	1.800	150	90	18.000	247.000
GN 130 Master	100	80	700	60	40	7.000	99.000

Clear Tech

Dyna-Times

| LX 111 | GK 708/9 | GK 165/6 | GK 163 | GK 164 |

	DM	SFR	ÖS	US$	GB£	JP¥	LIT
LX 111 Sophomore	120	100	800	70	40	9.000	119.000
GK 708/9 Drop	320	260	2.200	190	110	23.000	317.000
GK 165/6 Flake	160	130	1.100	90	60	12.000	158.000
GK 163 Space Tracing	90	70	600	50	30	6.000	89.000
GK 164 Sport Section	90	70	600	50	30	6.000	89.000

Geo Desires

Sunday Brunch

| | LL 112 | GM 112 | LG 108 | GG 121 | GR 115 |

	DM	SFR	ÖS	US$	GB£	JP¥	LIT
LL 112 Classified	90	70	600	50	30	6.000	89.000
GM 112 Silver Planet	90	70	600	50	30	6.000	89.000
LG 108 Saturing	90	70	600	50	30	6.000	89.000
GG 121 Cappuccino	90	70	600	50	30	6.000	89.000
GR 115 Dotchair	80	70	600	50	30	6.000	79.000

Roarings

Dreaming

Umzug

| GF 103 | GP 106 | GP 107 | GX 126 | GG 122 |

	DM	SFR	ÖS	US$	GB£	JP¥	LIT
GF 103 Skin Print	90	70	600	50	30	6.000	89.000
GP 106 Sketch	90	70	600	50	30	6.000	89.000
GP 107 Il Poeta	90	70	600	50	30	6.000	89.000
GX 126 Voie Humaine	120	100	800	70	40	9.000	119.000
GG 122 Voie Lactée	180	150	1.300	110	60	13.000	178.000

J. C. De Castelbajac's

Tea Break

Round the Clock

| | GN 134 | GM 113 | LM 108 | GM 117 | GB 152 |

	DM	SFR	ÖS	US$	GB£	JP¥	LIT
GN 134 Space People	130	110	900	80	50	9.000	129.000
GM 113 Sugarless	100	80	700	60	40	7.000	99.000
LM 108 Petit Four	80	70	600	50	30	6.000	79.000
GM 117 Rocking	150	120	1.100	90	50	11.000	148.000
GB 152 Ellypting	160	130	1.100	90	60	12.000	158.000

Tyroler

Crazy Tools

GB 152	GK 167	LK 144	GM 114/5	LK 145

	DM	SFR	ÖS	US$	GB£	JP¥	LIT
GB 152 Ellypting (Sekundenzeiger / Secondhand) .	500	410	3.500	300	180	36.000	495.000
GK 167 Loden	100	80	700	60	40	7.000	99.000
LK 144 Chesa Veglia	90	70	600	50	30	6.000	89.000
GM 114/5 Screw Driver..	150	120	1.100	90	50	11.000	148.000
LK 145 Tournevis	160	130	1.100	90	60	12.000	158.000

1993 - FALL/WINTER

Winterings

GM 116

LK 146

Trompe L'Oeil

GK 169

Nespolo

GR 116

GN 132

	DM	SFR	ÖS	US$	GB£	JP¥	LIT
GM 116 Neige	90	70	600	50	30	6.000	89.000
LK 146 Hielo	80	70	600	50	30	6.000	79.000
GK 169 Perspective	110	90	800	60	40	8.000	109.000
GR 116 Collage Doré	100	80	700	60	40	7.000	99.000
GN 132 Silver Patch	100	80	700	60	40	7.000	99.000

C'era una Volta

Esotheric

GG 123	LP 114	GN 131

	DM	SFR	ÖS	US$	GB£	JP¥	LIT
GG 123 Le Chat Botté	130	110	900	80	50	9.000	129.000
LP 114 La Belle Au Bois Dormant	110	90	800	60	40	8.000	109.000
GN 131 Tarot	130	110	900	80	50	9.000	129.000

1994 - SPRING/SUMMER

Grand-Heure

Black Heroes

Vierundzwanzig

GK 170   GK 171   GB 729   LB 135   GG 125

	DM	SFR	ÖS	US$	GB£	JP¥	LIT
GK 170 Magnitudo	110	90	800	60	40	8.000	109.000
GK 171 XXL	100	80	700	60	40	7.000	99.000
GB 729 Pair	90	70	600	50	30	6.000	89.000
LB 135 Impair	90	70	600	50	30	6.000	89.000
GG 125 Index	130	110	900	80	50	9.000	129.000

154

Domestic Zoo

GM 119   GN 402   GN 142   LK 147   GK 172

	DM	SFR	ÖS	US$	GB£	JP¥	LIT
GM 119 Campana	130	110	900	80	50	9.000	129.000
GN 402 Kangaroo	140	110	1.000	80	50	10.000	139.000
GN 142 Kangaroo	270	220	1.900	160	100	19.000	267.000
LK 147 Anthelope	120	100	800	70	40	9.000	119.000
GK 172 Cougar	120	100	800	70	40	9.000	119.000

1994 - SPRING/SUMMER

On Tops

Ortodoxal

| GV 107 | LR 111 | GO 101 | GN 135 | GG 126 |

	DM	SFR	ÖS	US$	GB£	JP¥	LIT
GV 107 Cheerleader	80	70	600	50	30	6.000	79.000
LR 111 Poissoniere	120	100	800	70	40	9.000	119.000
GO 101 Sea Traffic	90	70	600	50	30	6.000	89.000
GN 135 Cathedral	100	80	700	60	40	7.000	99.000
GG 126 Minareth	170	140	1.200	100	60	12.000	168.000

Emperor

Architetto

| Dummy | GN 138 | Dummy | LG 109 | GN 140 |

	DM	SFR	ÖS	US$	GB£	JP¥	LIT
Dummy Minareth (Geschlossen / Closed)	320	260	2.200	190	110	23.000	317.000
GN 138 The Lake	140	110	1.000	80	50	10.000	139.000
Dummy The Lake	320	260	2.200	190	110	23.000	317.000
LG 109 Geisha	90	70	600	50	30	6.000	89.000
GN 140 Agathos	90	70	600	50	30	6.000	89.000

1994 - SPRING/SUMMER

Bandanamera

GB 154

LB 136

GR 117

Cad Cam

GG 128

Kamas-Ultra

GN 136

	DM	SFR	ÖS	US$	GB£	JP¥	LIT
GB 154 Trash	130	110	900	80	50	9.000	129.000
LB 136 Garage	80	70	600	50	30	6.000	79.000
GR 117 Rap	90	70	600	50	30	6.000	89.000
GG 128 Mouse Rap	90	70	600	50	30	6.000	89.000
GN 136 Sex-Teaze	230	190	1.600	140	80	17.000	228.000

Happy Days

Opera d'arte

Sandy Show

| GN 139 | LP 115 | GK 174/5 | LK 149 | GK 710 |

	DM	SFR	ÖS	US$	GB£	JP¥	LIT
GN 139 Milk Shake	100	80	700	60	40	7.000	99.000
LP 115 Strawberry	90	70	600	50	30	6.000	89.000
GK 174/5 Godefroi	170	140	1.200	100	60	12.000	168.000
LK 149 Cunegonde	130	110	900	80	50	9.000	129.000
GK 710 Gold Breeze	110	90	800	60	40	8.000	109.000

1994 - SPRING/SUMMER

Dynamites

	LK 148	GK 403	GJ 110	GK 173	LR 112

	DM	SFR	ÖS	US$	GB£	JP¥	LIT
LK 148 Lady Sky	100	80	700	60	40	7.000	99.000
GK 403 Feathers	140	110	1.000	80	50	10.000	139.000
GJ 110 Fifth Shift	90	70	600	50	30	6.000	89.000
GK 173 Victoire	90	70	600	50	30	6.000	89.000
LR 112 Final Rush	90	70	600	50	30	6.000	89.000

Jungle Fever

GR 119

LG 110

Louise's

GN 137

GR 118

Swiss Dancers

GG 129

	DM	SFR	ÖS	US$	GB£	JP¥	LIT
GR 119 Floral Story	110	90	800	60	40	8.000	109.000
LG 110 Seerose	140	110	1.000	80	50	10.000	139.000
GN 137 Cayman	140	110	1.000	80	50	10.000	139.000
GR 118 Bark Bark	120	100	800	70	40	9.000	119.000
GG 129 Girotondo	110	90	800	60	40	8.000	109.000

Margarita

Sir Paint

Blackboards

| GR 120 | GO 102 | GP 108 | GB 155 | LB 137 |

	DM	SFR	ÖS	US$	GB£	JP¥	LIT
GR 120 Alphorn	110	90	800	60	40	8.000	109.000
GO 102 Tequila	90	70	600	50	30	6.000	89.000
GP 108 First	180	150	1.300	110	60	13.000	178.000
GB 155 Gessetto	90	70	600	50	30	6.000	89.000
LB 137 Craie	90	70	600	50	30	6.000	89.000

Décalages

White Home

Composition

| GN 145 | GM 126/7 | LM 109 | GK 178 | GM 705 |

	DM	SFR	ÖS	US$	GB£	JP¥	LIT
GN 145 Tonite	170	140	1.200	100	60	12.000	168.000
GM 126/7 Big Rock	120	100	800	70	40	9.000	119.000
LM 109 Little Rock	120	100	800	70	40	9.000	119.000
GK 178 Ciel	120	100	800	70	40	9.000	119.000
GM 705 Snow	110	90	800	60	40	8.000	109.000

City Climb

Towntime

| GK 177 | GM 704 | LN 119 | GP 109 | GV 108 |

	DM	SFR	ÖS	US$	GB£	JP¥	LIT
GK 177 Feuer	120	100	800	70	40	9.000	119.000
GM 704 Sky Heroes	90	70	600	50	30	6.000	89.000
LN 119 Fancy Glances	120	100	800	70	40	9.000	119.000
GP 109 Decoscraper	180	150	1.300	110	60	13.000	178.000
GV 108 Quasimodo	110	90	800	60	40	8.000	109.000

Fifty Home

GN 141

Ora Divina

GK 179

Tipi

GM 122

Yallo

GJ 112

Kenny Scharf

GR 121

	DM	SFR	ÖS	US$	GB£	JP¥	LIT
GN 141 Sitzung	100	80	700	60	40	7.000	99.000
GK 179 Azimut	160	130	1.100	90	60	12.000	158.000
GM 122 Poncho	170	140	1.200	100	60	12.000	168.000
GJ 112 Bestione	120	100	800	70	40	9.000	119.000
GR 121 Monster Time	130	110	900	80	50	9.000	129.000

1994 - FALL/WINTER

Kostabi's

Spakles

Round Couture

GB 156		GG 131/2		LG 111		GK 711		GK 180

	DM	SFR	ÖS	US$	GB£	JP¥	LIT
GB 156 Twelve Apostles	140	110	1.000	80	50	10.000	139.000
GG 131/2 Green Shine	120	100	800	70	40	9.000	119.000
LG 111 Starlink	100	80	700	60	40	7.000	99.000
GK 711 Tutto Tondo	100	80	700	60	40	7.000	99.000
GK 180 Tutto Tondo	450	370	3.200	270	160	32.000	445.000

Smoke Clouds

Stop Frame

...A Riveder Le Stelle

Tarantella

| LK 150 | GM 403 | GM 125 | GM 123 | GM 124 |

	DM	SFR	ÖS	US$	GB£	JP¥	LIT
LK 150 Spherica	90	70	600	50	30	6.000	89.000
GM 403 Tobacco	100	80	700	60	40	7.000	99.000
GM 125 City Run	100	80	700	60	40	7.000	99.000
GM 123 Le Poème	100	80	700	60	40	7.000	99.000
GM 124 Sole Mio	140	110	1.000	80	50	10.000	139.000

Going West

Autumn Leaves

Meditations

Famous Couple By Ravage

| GB 157 | GW 115 | GR 122 | GJ 113 | GB 158 |

	DM	SFR	ÖS	US$	GB£	JP¥	LIT
GB 157 Knox	90	70	600	50	30	6.000	89.000
GW 115 Mariachi	80	70	600	50	30	6.000	79.000
GR 122 La Vie En Rose	100	80	700	60	40	7.000	99.000
GJ 113 Lama	90	70	600	50	30	6.000	89.000
GB 158 Aiglon	80	70	600	50	30	6.000	79.000

GB 159

	DM	SFR	ÖS	US$	GB£	JP¥	LIT
GB 159 Aiglette	80	70	600	50	30	6.000	79.000

Futuroscope

Fashion Show

Blues Brothers

| GK 182 | GB 417 | GK 183/4 | LK 151 | GN 707 |

	DM	SFR	ÖS	US$	GB£	JP¥	LIT
GK 182 Upside Down	130	110	900	80	50	9.000	129.000
GB 417 Turnover	120	100	800	70	40	9.000	119.000
GK 183/4 Mannequin	170	140	1.200	100	60	12.000	168.000
LK 151 Première	150	120	1.100	90	50	11.000	148.000
GN 707 Blauer	120	100	800	70	40	9.000	119.000

Comic's

224,225

| Dummy | GN 146 | GG 134 | LN 121 | GN 150 |

	DM	SFR	ÖS	US$	GB£	JP¥	LIT
Dummy Blauer	400	330	2.800	240	140	29.000	396.000
GN 146 Grauer	110	90	800	60	40	8.000	109.000
GG 134 Rapp-er	120	100	800	70	40	9.000	119.000
LN 121 Sprayer	200	160	1.400	120	70	14.000	198.000
GN 150 Black Sheep	470	390	3.300	280	170	34.000	465.000

1995 - SPRING/SUMMER

Fairy-Tales

Optiques

Metal Techno

| | GG 135 | GK 191 | GK 192 | GK 186/7 | GM 129/30 |

	DM	SFR	ÖS	US$	GB£	JP¥	LIT
GG 135 Green Dragon	90	70	600	50	30	6.000	89.000
GK 191 Skizzo	120	100	800	70	40	9.000	119.000
GK 192 Brouillon	100	80	700	60	40	7.000	99.000
GK 186/7 Silver Net	140	110	1.000	80	50	10.000	139.000
GM 129/30 Silver Plate	160	130	1.100	90	60	12.000	158.000

Herbs

One-Day-Round

Floral Bath

Jungle Mythos

GK 712

GK 188

GJ 114

GP 110

GK 193

	DM	SFR	ÖS	US$	GB£	JP¥	LIT
GK 712 Schnittlauch	130	110	900	80	50	9.000	129.000
GK 188 Monterosso	150	120	1.100	90	50	11.000	148.000
GJ 114 Lylium	90	70	600	50	30	6.000	89.000
GP 110 Rosathea	90	70	600	50	30	6.000	89.000
GK 193 Oongawah!	100	80	700	60	40	7.000	99.000

173

Showbiz

Indian Market

Asian Friends

| Dummy | GM 128 | GR 125/6 | GG 133 | Dummy |

	DM	SFR	ÖS	US$	GB£	JP¥	LIT
Dummy Oongawah! (Plastic Band)	300	250	2.100	180	110	22.000	297.000
GM 128 Lolita	190	160	1.300	110	70	14.000	188.000
GR 125/6 Curry Powder	240	200	1.700	140	90	17.000	237.000
GG 133 Tai Sun	130	110	900	80	50	9.000	129.000
Dummy Tai Sun (Zifferblatt / Face Transparent)	350	290	2.500	210	120	25.000	346.000

St. Valentine's Day

The Rebel

Motorhead

| GR 123 | GR 127 | Dummy | GJ 115 | GB 418 |

	DM	SFR	ÖS	US$	GB£	JP¥	LIT
GR 123 Kimiko	130	110	900	80	50	9.000	129.000
GR 127 For your Heart only	180	150	1.300	110	60	13.000	178.000
Dummy For your Heart only	380	310	2.700	220	130	27.000	376.000
GJ 115 To Che	300	250	2.100	180	110	22.000	297.000
GB 418 Red Flame	110	90	800	60	40	8.000	109.000

1995 - SPRING/SUMMER

Physicals

Reggia

| | GB 160 | Dummy | GK 190 | GM 131 | GK 189 |

	DM	SFR	ÖS	US$	GB£	JP¥	LIT
GB 160 Hipster	120	100	800	70	40	9.000	119.000
Dummy Hipster	380	310	2.700	220	130	27.000	376.000
GK 190 Red Tag	190	160	1.300	110	70	14.000	188.000
GM 131 Athletics	100	80	700	60	40	7.000	99.000
GK 189 Paggetto	120	100	800	70	40	9.000	119.000

Working days

Refrain

| GR 124 | GK 185 | GN 147 | GB 419 | LB 138 |

	DM	SFR	ÖS	US$	GB£	JP¥	LIT
GR 124 Damigella	120	100	800	70	40	9.000	119.000
GK 185 Vendredi	100	80	700	60	40	7.000	99.000
GN 147 Thursday	90	70	600	50	30	6.000	89.000
GB 419 Mezzoforte	80	70	600	50	30	6.000	79.000
LB 138 Andante	80	70	600	50	30	6.000	79.000

1995 - SPRING/SUMMER

Sternbilder

Travel Fever

Classic Seven

| GR 701 | LR 114 | GM 706/7 | LM 111 | GB 730 |

	DM	SFR	ÖS	US$	GB£	JP¥	LIT
GR 701 Grosser Bär	90	70	600	50	30	6.000	89.000
LR 114 Kleiner Bär	90	70	600	50	30	6.000	89.000
GM 706/7 Highway	120	100	800	70	40	9.000	119.000
LM 111 Off Road	110	90	800	60	40	8.000	109.000
GB 730 Big Seven	80	70	600	50	30	6.000	79.000

Black or White

LB 139	GB 162	GW 116	GB 164	GB 163

	DM	SFR	ÖS	US$	GB£	JP¥	LIT
LB 139 Little Seven	80	70	600	50	30	6.000	79.000
GB 162 White Hours	80	70	600	50	30	6.000	79.000
GW 116 Black Minutes	80	70	600	50	30	6.000	79.000
GB 164 Black Globe	80	70	600	50	30	6.000	79.000
GB 163 Black Letter	90	70	600	50	30	6.000	89.000

1995 - FALL/WINTER

Russian Inspirations

Velvet Sensations

	GB 165	GK 200	GK 204/5	GG 136	GK 203

	DM	SFR	ÖS	US$	GB£	JP¥	LIT
GB 165 White Writing	100	80	700	60	40	7.000	99.000
GK 200 Space Dog	80	70	600	50	30	6.000	79.000
GK 204/5 Matrioska	100	80	700	60	40	7.000	99.000
GG 136 Samtgeist	100	80	700	60	40	7.000	99.000
GK 203 Saint Velours	100	80	700	60	40	7.000	99.000

Bijoux Box

The Big Cold

| LG 114 | GK 194/5 | LG 112 | GK 201 | GN 152 |

	DM	SFR	ÖS	US$	GB£	JP¥	LIT
LG 114 Cord on Bleu	90	70	600	50	30	6.000	89.000
GK 194/5 Prinz Eisenherz	160	130	1.100	90	60	12.000	158.000
LG 112 Madame	100	80	700	60	40	7.000	99.000
GK 201 Ice Dance	90	70	600	50	30	6.000	89.000
GN 152 Barry	130	110	900	80	50	9.000	129.000

Varnish Fair

| GK 202 | GK 197 | GB 161 | GM 709 | GM 137 |

	DM	SFR	ÖS	US$	GB£	JP¥	LIT
GK 202 Frozen Tears	140	110	1.000	80	50	10.000	139.000
GK 197 Spinning Balls	100	80	700	60	40	7.000	99.000
GB 161 Blackliner	110	90	800	60	40	8.000	109.000
GM 709 Green Laquer	100	80	700	60	40	7.000	99.000
GM 137 Green Laquer	630	520	4.400	370	220	45.000	623.000

Highland Stories

| | GK 713 | GF 400 | GK 714 | GG 137 | GR 128 |

	DM	SFR	ÖS	US$	GB£	JP¥	LIT
GK 713 Blue Laquer	100	80	700	60	40	7.000	99.000
GF 400 Coffee Mill	100	80	700	60	40	7.000	99.000
GK 714 Canard Laqué	140	110	1.000	80	50	10.000	139.000
GG 137 Mc Square	130	110	900	80	50	9.000	129.000
GR 128 Mr Watson	110	90	800	60	40	8.000	109.000

1995 - FALL/WINTER

| GK 715 | LG 113 | GK 207 | GL 106 | GB 166 |

	DM	SFR	ÖS	US$	GB£	JP¥	LIT
GK 715 Moos	110	90	800	60	40	8.000	109.000
LG 113 Madeleine	90	70	600	50	30	6.000	89.000
GK 207 Flowers	110	90	800	60	40	8.000	109.000
GL 106 Enchanting Forest	110	90	800	60	40	8.000	109.000
GB 166 Temps Zero	130	110	900	80	50	9.000	129.000

GK 206   GK 208   GG 138

	DM	SFR	ÖS	US$	GB£	JP¥	LIT
GK 206 Vive la Paix	160	130	1.100	90	60	12.000	158.000
GK 208 Graphickers	140	110	1.000	80	50	10.000	139.000
GG 138 Blue Pasta	140	110	1.000	80	50	10.000	139.000
Artist Set	800	660	5.600	470	280	58.000	792.000

The Originals

| GB 169 | GK 209 | GN 155 | GM 132 | GN 154 |

	DM	SFR	ÖS	US$	GB£	JP¥	LIT
GB 169 Black	80	60	600	50	30	6.000	79.000
GK 209 Transparent	90	70	600	50	30	6.000	89.000
GN 155 Dark Blue	80	60	600	50	30	6.000	79.000
GM 132 Grey	80	60	600	50	30	6.000	79.000
GN 154 Medium Blue	80	60	600	50	30	6.000	79.000

GK 213 A/B

Ethnosense

| GG 139 | GR 130 | LR 115 | LN 122 | Dummy |

	DM	SFR	ÖS	US$	GB£	JP¥	LIT
GG 139 Green	80	60	600	50	30	6.000	79.000
GR 130 Pink	80	60	600	50	30	6.000	79.000
LR 115 Pink	80	60	600	50	30	6.000	79.000
LN 122 Medium Blue	80	60	600	50	30	6.000	79.000
GK 213 A/B Wise Hand	130	100	900	80	50	9.000	129.000
Dummy Wise Hand	130	100	900	80	50	9.000	129.000

Breakfast

The Invisibles

GN 160   GG 170   GM 135   GN 156   GN 708

	DM	SFR	ÖS	US$	GB£	JP¥	LIT
GN 160 Golestan	110	80	800	60	40	8.000	109.000
GG 170 Sina Nafasi	110	80	800	60	40	8.000	109.000
GM 135 Sunny Side Up	100	80	700	60	40	7.000	99.000
GN 156 Good Morning	110	80	800	60	40	8.000	109.000
GN 708 Frozen Yogurt	110	80	800	60	40	8.000	109.000

Tech is Cool

Nat Code

Faces

LG 116	GM 134	GK 900	GM 136	LG 115	

	DM	SFR	ÖS	US$	GB£	JP¥	LIT
LG 116 Cool Mint	100	80	700	60	40	7.000	99.000
GM 134 Urgent	90	70	600	50	30	6.000	89.000
GK 900 Heart on Earth	130	100	900	80	50	9.000	129.000
GM 136 Upper East	110	80	800	60	40	8.000	109.000
LG 115 Pictos	120	90	800	70	40	9.000	119.000

Short Stories

| GK 406 | GK 901 | GG 705 | GK 210 | GM 133 A/B |

	DM	SFR	ÖS	US$	GB£	JP¥	LIT
GK 406 Black Jet	80	60	600	50	30	6.000	79.000
GK 901 Tierra	100	80	700	60	40	7.000	99.000
GG 705 Boschetto	120	90	800	70	40	9.000	119.000
GK 210 Aire	120	90	800	70	40	9.000	119.000
GM 133 A/B Lampadario	110	80	800	60	40	8.000	109.000

| | LP 116 | GL 107 | GN 162 | | GS 105 | GK 196 |

The Classics

	DM	SFR	ÖS	US$	GB£	JP¥	LIT
LP 116 Lady Rose	110	80	800	60	40	8.000	109.000
GL 107 Sweet Baby	170	150	1.200	100	60	12.000	168.000
GN 162 Romeo & Juliet	120	90	800	70	40	9.000	119.000
GS 105 Lucky Shadow	90	70	600	50	30	6.000	89.000
GK 196 Haselnuss	90	70	600	50	30	6.000	89.000

LK 152	GB 900	GM 710/1	LM 112	GB 731

	DM	SFR	ÖS	US$	GB£	JP¥	LIT
LK 152 Cookie	90	70	600	50	30	6.000	89.000
GB 900 Mezzoforte	90	70	600	50	30	6.000	89.000
GM 710/1 Grosser Nougat	100	80	700	60	40	7.000	99.000
LM 112 Kleiner Nougat	100	80	700	60	40	7.000	99.000
GB 731 Cabaret	100	80	700	60	40	7.000	99.000

| GB 732 | LB 140 | GB 733 | GN 161 | GN 161 |

	DM	SFR	ÖS	US$	GB£	JP¥	LIT
GB 732 Krimi	110	80	800	60	40	8.000	109.000
LB 140 Thriller	110	80	800	60	40	8.000	109.000
GB 733 My Way	110	80	800	60	40	8.000	109.000
GN 161 Lausanne Special	580	200	4.100	340	210	42.000	574.000
GN 161 Lausanne Olympic Museum	190	150	1.300	110	70	14.000	188.000

1996 - SPRING/SUMMER

Constantin Boym

GK 214

Eduardo Arroyo

GN 163

Kenny Scharf

GN 164

Fréderic Bruly Bouabré

GG 140

Bridget Muṯi

GJ 116

	DM	SFR	ÖS	US$	GB£	JP¥	LIT
GK 214 Lens Heaven	170	140	1.200	100	60	12.000	168.000
GN 163 Boxing	110	90	800	60	40	8.000	109.000
GN 164 Fiz N' Zip	130	110	900	80	50	9.000	129.000
GG 140 Cheik Nadro	130	110	900	80	50	9.000	129.000
GJ 116 Wanayarra Tjukurrpa	150	120	1.100	90	50	11.000	148.000

Yue Ming Jun

Signs

Messages

| GJ 117 | GB 173 | GB 174 | GB 176 | GK 226 |

	DM	SFR	ÖS	US$	GB£	JP¥	LIT
GJ 117 Wild Laugh	110	90	800	60	40	8.000	109.000
Artist Set	810	660	5.700	480	290	58.000	801.000
GB 173 Net	80	60	600	50	30	6.000	79.000
GB 174 Straight Up	80	60	600	50	30	6.000	79.000
GB 176 Don't	80	60	600	50	30	6.000	79.000
GK 226 Protect	80	60	600	50	30	6.000	79.000

1996 - FALL/WINTER

Information Landscape

| GK 227 | GK 228 | GB 172 | GC 102 | GK 221 |

	DM	SFR	ÖS	US$	GB£	JP¥	LIT
GK 227 Define	80	60	600	50	30	6.000	79.000
GK 228 Consider	80	60	600	50	30	6.000	79.000
GB 172 Coding	90	70	600	50	30	6.000	89.000
GC 102 Interface	80	60	600	50	30	6.000	79.000
GK 221 Phonescan	100	80	700	60	40	7.000	99.000

Asphalt

| | GK 222 | GK 223 | GM 138 | GN 900 | GB 175 |

	DM	SFR	ÖS	US$	GB£	JP¥	LIT
GK 222 Con-Fusion	80	60	600	50	30	6.000	79.000
GK 223 Bitstream	90	70	600	50	30	6.000	89.000
GM 138 Web Site	80	60	600	50	30	6.000	79.000
GN 900 Devotion	100	80	700	60	40	7.000	99.000
GB 175 Way Out	80	60	600	50	30	6.000	79.000

Rising Sun

| | GG 141 | GK 224 | GM 139 | GN 165 | GK 217 |

	DM	SFR	ÖS	US$	GB£	JP¥	LIT
GG 141 Patina	80	60	600	50	30	6.000	79.000
GK 224 Caution	80	60	600	50	30	6.000	79.000
GM 139 Conform	80	60	600	50	30	6.000	79.000
GN 165 Net Works	90	70	600	50	30	6.000	89.000
GK 217 Ricecake	80	60	600	50	30	6.000	79.000

Utopia

Sparkles

GK 219 A/B	GK 215 A/B	GR 131 A/B	GK 216	LN 123

	DM	SFR	ÖS	US$	GB£	JP¥	LIT
GK 219 A/B Movie News	490	200	3.400	290	170	35.000	485.000
GK 215 A/B Color Fish	140	110	1.000	80	50	10.000	139.000
GR 131 A/B Starry Sky	110	80	800	60	40	8.000	109.000
GK 216 Glitter	90	70	600	50	30	6.000	89.000
LN 123 Cristalle	80	60	600	50	30	6.000	79.000

Primaries

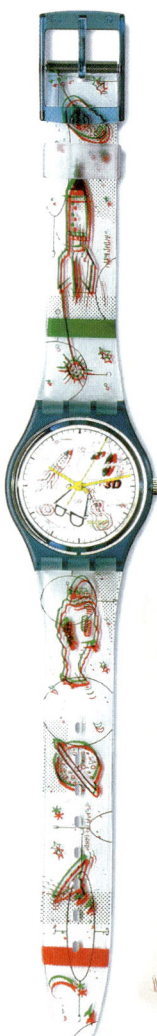

	GB 170	GB 171	GK 229	GL 108			

	DM	SFR	ÖS	US$	GB£	JP¥	LIT
GB 170 Reposition	80	60	600	50	30	6.000	79.000
GB 171 Reproject	80	60	600	50	30	6.000	79.000
GK 229 Weightless	120	90	800	70	40	9.000	119.000
GL 108 3D Experience	90	70	600	50	30	6.000	89.000

The Classics

| LK 153 | LK 156 | LK 155 | GB 901 | GB 421 |

	DM	SFR	ÖS	US$	GB£	JP¥	LIT
LK 153 XYZ	80	60	600	50	30	6.000	79.000
LK 156 Alphabet	80	60	600	50	30	6.000	79.000
LK 155 Gloss	90	70	600	50	30	6.000	89.000
GB 901 Acid Lite	100	80	700	60	40	7.000	99.000
GB 421 Blacklit	80	60	600	50	30	6.000	79.000

Yoko Ono

Micha Klein

| | LB 141 | GB 422 | LB 142 | GB 168 | GJ 118 |

	DM	SFR	ÖS	US$	GB£	JP¥	LIT
LB 141 Milady	80	60	600	50	30	6.000	79.000
GB 422 Whitelit	80	60	600	50	30	6.000	79.000
LB 142 Miss	80	60	600	50	30	6.000	79.000
GB 168 Film No. 4	100	80	700	60	40	7.000	99.000
GJ 118 Love, Piece & Happiness	130	110	900	80	50	9.000	129.000

Jim Avignon

Victor Vasarely

Studio Azzurro

Irit Batsry

GK 230   GK 231   GK 232   GN 166

	DM	SFR	ÖS	US$	GB£	JP¥	LIT
GK 230 Pop Bones	120	100	800	70	40	9.000	119.000
GK 231 Keret	100	80	700	60	40	7.000	99.000
GK 232 Tempo Naturale	180	150	1.300	110	60	13.000	178.000
GN 166 Hands	100	80	700	60	40	7.000	99.000
Artist Set	770	630	5.400	450	270	56.000	762.000

1997 - SPRING/SUMMER

Movimento

Comic Hour

| | GB 179 | LB 143 | GN 168 | GK 235 | GG 143 |

	DM	SFR	ÖS	US$	GB£	JP¥	LIT
GB 179 Mustard	100	80	700	60	40	7.000	99.000
LB 143 Bluette	90	70	600	50	30	6.000	89.000
GN 168 Twitch Twins	90	70	600	50	30	6.000	89.000
GK 235 Jungle Tangle	90	70	600	50	30	6.000	89.000
GG 143 Centipede	90	70	600	50	30	6.000	89.000

Promises

| | GN 167 | GR 132 | GK 236 | GJ 900 | GW 900 |

	DM	SFR	ÖS	US$	GB£	JP¥	LIT
GN 167 Fat Free	90	70	600	50	30	6.000	89.000
GR 132 Sweetened	90	70	600	50	30	6.000	89.000
GK 236 100% Plastic	90	70	600	50	30	6.000	89.000
GJ 900 Promo	100	80	700	60	40	7.000	99.000
GW 900 Lamp	100	80	700	60	40	7.000	99.000

1997 - SPRING/SUMMER

Elements

Time Jockeys

| | GK 240 | GK 241 | GK 242 | GK 243 | LK 158 |

	DM	SFR	ÖS	US$	GB£	JP¥	LIT
GK 240 Zerkon	100	80	700	60	40	7.000	99.000
GK 241 Oxygen	100	80	700	60	40	7.000	99.000
GK 242 Chlorine	140	110	1.000	80	50	10.000	139.000
GK 243 Always Early	90	70	600	50	30	6.000	89.000
LK 158 Always Late	80	70	600	50	30	6.000	79.000

Space Place

	GK 244 A/B	GX 128 A/B	GK 238 A/B	GK 239 A/B	LK 157

	DM	SFR	ÖS	US$	GB£	JP¥	LIT
GK 244 A/B Time To Dance	100	80	700	60	40	7.000	99.000
GX 128 A/B As Time goes by	90	70	600	50	30	6.000	89.000
GK 238 A/B Virtual Purple	110	90	800	60	40	8.000	109.000
GK 239 A/B Virtual Orange	90	70	600	50	30	6.000	89.000
LK 157 Virtual Yellow	80	70	600	50	30	6.000	79.000

1997 - SPRING/SUMMER

Macro

Exotica

| | GJ 119 | GN 169 | GG 142 | GK 245 | GK 902 |

	DM	**SFR**	**ÖS**	**US$**	**GB£**	**JP¥**	**LIT**
GJ 119 Spyral	80	70	600	50	30	6.000	79.000
GN 169 Points	90	70	600	50	30	6.000	89.000
GG 142 Balloons	80	70	600	50	30	6.000	79.000
GK 245 Cactus	90	70	600	50	30	6.000	89.000
GK 902 Anemone	90	70	600	50	30	6.000	89.000

Primaries

Silverlite

GK 903	GK 237	GM 140	GK 246

	DM	SFR	ÖS	US$	GB£	JP¥	LIT
GK 903 Signalite	90	70	600	50	30	6.000	89.000
GK 237 Pounding Heart	100	80	700	60	40	7.000	99.000
GM 140 Back-Up	90	70	600	50	30	6.000	89.000
GK 246 Accelerato	80	70	600	50	30	6.000	79.000

The Classics

GW 117	GK 716 A/B	LK 159	GK 717 A/B	LK 160

	DM	SFR	ÖS	US$	GB£	JP¥	LIT
GW 117 Screen	80	70	600	50	30	6.000	79.000
GK 716 A/B Cool	90	70	600	50	30	6.000	89.000
LK 159 Shock	90	70	600	50	30	6.000	89.000
GK 717 A/B Monocular	90	70	600	50	30	6.000	89.000
LK 160 Binocular	90	70	600	50	30	6.000	89.000

The Artists

| GN 170 | GK 247 | GG 145 | GK 248 | GG 144 |

	DM	SFR	ÖS	US$	GB£	JP¥	LIT
GN 170 The Lady & The Mirror	110	90	800	60	40	8.000	109.000
GK 247 Ticking Brain	110	90	800	60	40	8.000	109.000
GG 145 Windmeal	100	80	700	60	40	7.000	99.000
GK 248 Lipstick	100	80	700	60	40	7.000	99.000
GG 144 Destime	100	80	700	60	40	7.000	99.000

1997 - SPRING/SUMMER

Cannes - 1997

1000 Years

GK 249   GK 260   GB 181   GJ 120   GR 133

	DM	SFR	ÖS	US$	GB£	JP¥	LIT
GK 249 Color Scribbler	100	80	700	60	40	7.000	99.000
GK 260 Element	110	90	800	60	40	8.000	109.000
GB 181 Sueño Mandrileño	80	70	600	50	30	6.000	79.000
GJ 120 Passage to Brooklyn	80	70	600	50	30	6.000	79.000
GR 133 Tokyo Manga	80	70	600	50	30	6.000	79.000

GB 181

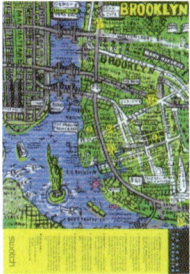
GJ 120

GR 133

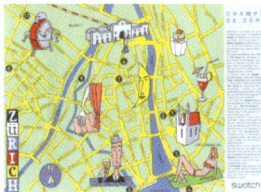
GR 134

GR 134

GS 106

GK 252

	DM	SFR	ÖS	US$	GB£	JP¥	LIT
GR 134 Champs de Züri	90	70	600	50	30	6.000	89.000
GS 106 London Club	80	70	600	50	30	6.000	79.000
GK 252 Side	80	70	600	50	30	6.000	79.000

1997 - FALL/WINTER

GK 253   GK 250   GK 254   GK 258

	DM	SFR	ÖS	US$	GB£	JP¥	LIT
GK 253 Profile	80	70	600	50	30	6.000	79.000
GK 250 Cigar	90	70	600	50	30	6.000	89.000
GK 254 Small in Big	90	70	600	50	30	6.000	89.000
GK 258 Never Seen Before	80	70	600	50	30	6.000	79.000

| GK 407 | GK 721 A/B | GG 171 A/B | GK 251 | GB 180 |

	DM	SFR	ÖS	US$	GB£	JP¥	LIT
GK 407 Bisex	80	70	600	50	30	6.000	79.000
GK 721 A/B Golden Days	90	70	600	50	30	6.000	89.000
GG 171 A/B Jade	90	70	600	50	30	6.000	89.000
GK 251 Dome	90	70	600	50	30	6.000	89.000
GB 180 Weight and See	90	70	600	50	30	6.000	89.000

1997 - FALL/WINTER

| | GB 182 | GK 255 | GK 259 | GK 720 | GB 183 |

	DM	SFR	ÖS	US$	GB£	JP¥	LIT
GB 182 Booster	90	70	600	50	30	6.000	89.000
GK 255 Sesterce	80	70	600	50	30	6.000	79.000
GK 259 Always Now	80	70	600	50	30	6.000	79.000
GK 720 Find the Code	80	70	600	50	30	6.000	79.000
GB 183 Overtime	90	70	600	50	30	6.000	89.000

1000 Light Years

5 Seconds

| GN 901 | GK 904 A/B | GN 902 | GB 735 | LB 145 |

	DM	SFR	ÖS	US$	GB£	JP¥	LIT
GN 901 Potluck	100	80	700	60	40	7.000	99.000
GK 904 A/B Paragon	100	80	700	60	40	7.000	99.000
GN 902 X-Ray	100	80	700	60	40	7.000	99.000
GB 735 Big Tselim	80	70	600	50	30	6.000	79.000
LB 145 Little Tselim	80	70	600	50	30	6.000	79.000

1997 - FALL/WINTER

| | GN 171 | LP 117 | GM 141 | LM 113 | GF 700 |

	DM	SFR	ÖS	US$	GB£	JP¥	LIT
GN 171 Smoked Blue	80	70	600	50	30	6.000	79.000
LP 117 Smoked Pink	80	70	600	50	30	6.000	79.000
GM 141 Razor	90	70	600	50	30	6.000	89.000
LM 113 Mascara	90	70	600	50	30	6.000	89.000
GF 700 Moreno	90	70	600	50	30	6.000	89.000

LF 106	GK 718 A/B	LK 162	GK 256 A/B	LK 161

	DM	SFR	ÖS	US$	GB£	JP¥	LIT
LF 106 Morenita	90	70	600	50	30	6.000	89.000
GK 718 A/B Space Track	90	70	600	50	30	6.000	89.000
LK 162 Sobriety	90	70	600	50	30	6.000	89.000
GK 256 A/B Big Nomisma	90	70	600	50	30	6.000	89.000
LK 161 Small Nomisma	90	70	600	50	30	6.000	89.000

Bruno Munari

Rascal

Steve Guarnaccia

| GK 257 A/B | LK 163 | GN 172 | GN 173 | GR 135 |

	DM	SFR	ÖS	US$	GB£	JP¥	LIT
GK 257 A/B Rêve d'automne	90	70	600	50	30	6.000	89.000
LK 163 Clear Crystal	90	70	600	50	30	6.000	89.000
GN 172 Tempo Libero	120	100	800	70	40	9.000	119.000
GN 173 Moonchild	110	90	800	60	40	8.000	109.000
GR 135 Roboboy	100	80	700	60	40	7.000	99.000

| GB 185 | GK 263 | GM 143 | GK 726 | GR 137 |

	DM	SFR	ÖS	US$	GB£	JP¥	LIT
GB 185 Tiempo de Reir	90	70	600	50	30	6.000	89.000
GK 263 Metrica	90	70	600	50	30	6.000	89.000
GM 143 Sombrero	90	70	600	50	30	6.000	89.000
GK 726 Calendarium	90	70	600	50	30	6.000	89.000
GR 137 Latinas	90	70	600	50	30	6.000	89.000

| GB 184 | GW 404 | GW 405 A/B | GK 408 A/B | LK 166 |

	DM	SFR	ÖS	US$	GB£	JP¥	LIT
GB 184 Seppia	90	70	600	50	30	6.000	89.000
GW 404 Date in View	90	70	600	50	30	6.000	89.000
GW 405 A/B Tourne-Disques	90	70	600	50	30	6.000	89.000
GK 408 A/B Spok	100	80	700	60	40	7.000	99.000
LK 166 Little Medio	90	70	600	50	30	6.000	89.000

| GK 265 | GK 269 | GK 264 | GG 172 | LN 124 |

	DM	SFR	ÖS	US$	GB£	JP¥	LIT
GK 265 Furto	90	70	600	50	30	6.000	89.000
GK 269 Dia Animado	90	70	600	50	30	6.000	89.000
GK 264 World Inc.	90	70	600	50	30	6.000	89.000
GG 172 Tortuga	100	80	700	60	40	7.000	99.000
LN 124 Lumaca	90	70	600	50	30	6.000	89.000

1998 - SPRING/SUMMER

| GM 144 | GK 727 | LK 165 | GW 118 | GK 261 A/B |

	DM	SFR	ÖS	US$	GB£	JP¥	LIT
GM 144 Lamelle	90	70	600	50	30	6.000	89.000
GK 727 Ringelsocke	90	70	600	50	30	6.000	89.000
LK 165 Ringelsöckli	90	70	600	50	30	6.000	89.000
GW 118 Tormented Souls	90	70	600	50	30	6.000	89.000
GK 261 A/B Belly Dance	90	70	600	50	30	6.000	89.000

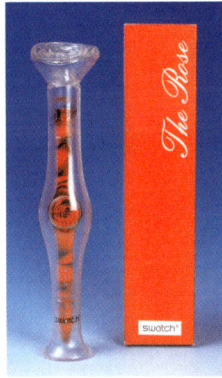

GK 267	GR 136		GN 176	GG 900

	DM	SFR	ÖS	US$	GB£	JP¥	LIT
GR 136 The Rose	90	70	600	50	30	6.000	89.000
GN 176 Love Bite	90	70	600	50	30	6.000	89.000
GG 900 The Devil	130	110	900	80	50	9.000	129.000

Cisco Jimenez

Laura Grisi

| | GK 905 | GG 901 | GN 903 A/B | GK 270 | GK 271 |

	DM	SFR	ÖS	US$	GB£	JP¥	LIT
GK 905 Top Secret	110	90	800	60	40	8.000	109.000
GG 901 Monster Game	110	90	800	60	40	8.000	109.000
GN 903 A/B Full Moon	120	100	800	70	40	9.000	119.000
GK 270 Stiletto	110	90	800	60	40	8.000	109.000
GK 271 Time 4	110	90	800	60	40	8.000	109.000

Jak Arnould

| GB 186 | GB 736 | LB 146 | GB 737 | LB 147 |

	DM	**SFR**	**ÖS**	**US$**	**GB£**	**JP¥**	**LIT**
GB 186 Arnould Fashions	110	90	800	60	40	8.000	109.000
GB 736 Caffelatte	90	70	600	50	30	6.000	89.000
LB 146 Macchiato	90	70	600	50	30	6.000	89.000
GB 737 Espresso	90	70	600	50	30	6.000	89.000
LB 147 Ristretto	90	70	600	50	30	6.000	89.000

| GK 725 | GK 724 | GK 723 A/B | GK 262 A/B | GK 722 A/B |

	DM	SFR	ÖS	US$	GB£	JP¥	LIT
GK 725 Sanddüne	100	80	700	60	40	7.000	99.000
GK 724 Moos	100	80	700	60	40	7.000	99.000
GK 723 A/B Rain Drop	90	70	600	50	30	6.000	89.000
GK 262 A/B Tempo Romano	90	70	600	50	30	6.000	89.000
GK 722 A/B Eredità	90	70	600	50	30	6.000	89.000

| LK 164 | GW 119 | GK 275 | GG 174 | GK 279 |

	DM	SFR	ÖS	US$	GB£	JP¥	LIT
LK 164 Piccalo Eredità	90	70	600	50	30	6.000	89.000
GW 119 Snowflower	90	70	600	50	30	6.000	89.000
GK 275 Migraine	90	70	600	50	30	6.000	89.000
GG 174 Space Sheep	90	70	600	50	30	6.000	89.000
GK 279 Unchain me	90	70	600	50	30	6.000	89.000

| GG 706 | GV 109 | GK 284 | GN 177 | GK 411 |

	DM	SFR	ÖS	US$	GB£	JP¥	LIT
GG 706 Pavo Real	90	70	600	50	30	6.000	89.000
GV 109 Royal Granit	90	70	600	50	30	6.000	89.000
GK 284 Missing Spoon	90	70	600	50	30	6.000	89.000
GN 177 Tombeur	90	70	600	50	30	6.000	89.000
GK 411 Eye Eye Aïe	90	70	600	50	30	6.000	89.000

| GK 276 | GG 173 | GF 701 | | GJ 121 |

	DM	SFR	ÖS	US$	GB£	JP¥	LIT
GK 276 Titi Parisien	90	70	600	50	30	6.000	89.000
GG 173 Helmet	90	70	600	50	30	6.000	89.000
GF 701 Afterburner	90	70	600	50	30	6.000	89.000
GJ 121 Sweet Teddy	90	70	600	50	30	6.000	89.000

| GR 138 | GM 406 | GK 283 | GI 101 | GN 709 |

	DM	SFR	ÖS	US$	GB£	JP¥	LIT
GR 138 Ultra Funk	90	70	600	50	30	6.000	89.000
GM 406 Explosion	90	70	600	50	30	6.000	89.000
GK 283 Bubblegum	90	70	600	50	30	6.000	89.000
GI 101 Stars & Pins	90	70	600	50	30	6.000	89.000
GN 709 Nilgün	90	70	600	50	30	6.000	89.000

| GM 405 | GK 410 | GK 277 | GG 707 | GB 187 |

	DM	SFR	ÖS	US$	GB£	JP¥	LIT
GM 405 Biblio	90	70	600	50	30	6.000	89.000
GK 410 Menthol	90	70	600	50	30	6.000	89.000
GK 277 Avantage	90	70	600	50	30	6.000	89.000
GG 707 Zaman	90	70	600	50	30	6.000	89.000
GB 187 T.P.M.	90	70	600	50	30	6.000	89.000

GK 273 A/B	GK 278 A/B	GK 728 A/B	GK 274 A/B	GM 145 A/B

	DM	SFR	ÖS	US$	GB£	JP¥	LIT
GK 273 A/B Blizzard	90	70	600	50	30	6.000	89.000
GK 278 A/B Crépuscule	90	70	600	50	30	6.000	89.000
GK 728 A/B Tourmente	90	70	600	50	30	6.000	89.000
GK 274 A/B Brise-glace	90	70	600	50	30	6.000	89.000
GM 145 A/B Tandoori	90	70	600	50	30	6.000	89.000

GR 702 A/B	GN 405 A/B	GK 281 A/B	GK 282 A/B	GK 729 A/B

	DM	SFR	ÖS	US$	GB£	JP¥	LIT
GR 702 A/B Voltage	90	70	600	50	30	6.000	89.000
GN 405 A/B Take a Second	90	70	600	50	30	6.000	89.000
GK 281 A/B Hole y gram	90	70	600	50	30	6.000	89.000
GK 282 A/B Porthole	90	70	600	50	30	6.000	89.000
GK 729 A/B Silence d'or	90	70	600	50	30	6.000	89.000

Agatha Ritz de la Prada

Peter Marco

GK 409 A/B	GM 404 A/B	GK 272 A/B	GK 280	GG 175

	DM	SFR	ÖS	US$	GB£	JP¥	LIT
GK 409 A/B Gourmette	90	70	600	50	30	6.000	89.000
GM 404 A/B Tempo Classico	90	70	600	50	30	6.000	89.000
GK 272 A/B Golden Wave	90	70	600	50	30	6.000	89.000
GK 280 Agatic Agatac	90	70	600	50	30	6.000	89.000
GG 175 Alien Baby	90	70	600	50	30	6.000	89.000

| GK 906 | GN 904 | GB 903 A/B | LN 127 | LB 148 |

	DM	SFR	ÖS	US$	GB£	JP¥	LIT
GK 906 Bits& Parts	110	90	800	60	40	8.000	109.000
GN 904 Bleep	110	90	800	60	40	8.000	109.000
GB 903 A/B Blue On	110	90	800	60	40	8.000	109.000
LN 127 Eggs & Tomato	90	70	600	50	30	6.000	89.000
LB 148 Mariquita	90	70	600	50	30	6.000	89.000

	LN 125	LK 167		LK 169		LK 168			

	DM	SFR	ÖS	US$	GB£	JP¥	LIT
LN 125 Nilgünette	90	70	600	50	30	6.000	89.000
LK 167 Little Gourmette	90	70	600	50	30	6.000	89.000
LK 169 Diamonds for Life	90	70	600	50	30	6.000	89.000
LK 168 Almagama	90	70	600	50	30	6.000	89.000

SWATCH-WATCH-SPECIAL

Fachhandellogo - 1983

GB 101   GR 100   GG 400   GB 401

	DM	SFR	ÖS	US$	GB£	JP¥	LIT
GB 101 Fachhandellogo	2.400	1.970	16.900	1.420	850	173.000	2.375.000
GR 100 Fachhandellogo	3.070	2.520	21.600	1.810	1.090	221.000	3.037.000
GG 400 Fachhandellogo	3.600	2.950	25.300	2.120	1.280	260.000	3.562.000
GB 401 Fachhandellogo	3.600	2.950	25.300	2.120	1.280	260.000	3.562.000

1985/98 - SWATCH-WATCH-SPECIAL

| GN 100 | GB 001 | GR 700 | GN 400 | GN 700 |

	DM	SFR	ÖS	US$	GB£	JP¥	LIT
GN 100 Fachhandellogo	3.530	2.890	24.800	2.080	1.250	255.000	3.493.000
GB 001 Fachhandellogo	2.900	2.380	20.400	1.710	1.030	209.000	2.869.000
GR 700 Fachhandellogo	2.470	2.030	17.400	1.460	880	178.000	2.444.000
GN 400 Fachhandellogo	2.170	1.780	15.300	1.280	770	157.000	2.147.000
GN 700 Fachhandellogo	2.170	1.780	15.300	1.280	770	157.000	2.147.000

Davos Symposium - 1985

| | GT 702 | GT 402 | GB 100 | GC 100 | GB 101 |

	DM	SFR	ÖS	US$	GB£	JP¥	LIT
GT 702 Fachhandellogo	2.030	1.660	14.300	1.200	720	146.000	2.009.000
GT 402 Fachhandellogo	2.300	1.890	16.200	1.360	820	166.000	2.276.000
GB 100 Fachhandellogo	2.700	2.210	19.000	1.590	960	195.000	2.671.000
GC 100 Fachhandellogo	3.200	2.620	22.500	1.890	1.140	231.000	3.166.000
GB 101 Davos Symposium	11.000	9.020	77.300	6.490	3.910	793.000	10.884.000

1985/98 - SWATCH-WATCH-SPECIAL

Andrew Logan - 1985

Original Jelly Fish - 1985

US Specials - 1985

GK 100

GO 001

LO 001

GZ 999

	DM	SFR	ÖS	US$	GB£	JP¥	LIT
GK 100 Andrew Logan	19.500	15.990	137.100	11.510	6.920	1.406.000	19.293.000
- Original Jelly Fish (200)	8.000	6.560	56.200	4.720	2.840	577.000	7.915.000
GO 001 Breakdance (9.999)	3.030	2.480	21.300	1.790	1.080	219.000	2.998.000
LO 001 Breakdance (9.999)	2.430	1.990	17.100	1.430	860	175.000	2.404.000
GZ 999 Velvet Underground (500)	8.000	6.560	56.200	4.720	2.840	577.000	7.915.000

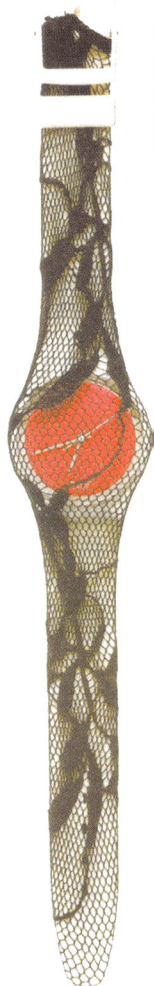

Limelight - 1985

Limelight II - 1986

	GZ 999	GB 106	LB 110	GB 112	LB 113

	DM	SFR	ÖS	US$	GB£	JP¥	LIT
GZ 999 Velvet Underground (500)	8.000	6.560	56.200	4.720	2.840	577.000	7.915.000
GB 106 Sir Limelight	980	800	6.900	580	350	71.000	970.000
LB 110 Lady Limelight	720	590	5.100	420	260	52.000	712.000
GB 112 Limelight II	930	760	6.500	550	330	67.000	920.000
LB 113 Limelight II	630	520	4.400	370	220	45.000	623.000

1985/98 - SWATCH-WATCH-SPECIAL

Limelight Reedition - 1987

| | GB 106 M | LB 110 M | GB 112 M | LB 113 M | GB 106 C |

	DM	SFR	ÖS	US$	GB£	JP¥	LIT
GB 106 M Sir Limelight	1.050	860	7.400	620	370	76.000	1.039.000
LB 110 M Lady Limelight	750	620	5.300	440	270	54.000	742.000
GB 112 M Limelight II	930	760	6.500	550	330	67.000	920.000
LB 113 M Limelight II	720	590	5.100	420	260	52.000	712.000
GB 106 C Sir Limelight	1.070	880	7.500	630	380	77.000	1.059.000

LB 110 C   GB 112 C   LB 113 C

	DM	SFR	ÖS	US$	GB£	JP¥	LIT
LB 110 C Lady Limelight	750	620	5.300	440	270	54.000	742.000
GB 112 C Limelight II	930	760	6.500	550	330	67.000	920.000
LB 113 C Limelight II	680	560	4.800	400	240	49.000	673.000

1985/98 - SWATCH-WATCH-SPECIAL

Christmas - 1987

GZ 105

Christmas à Verseilles - 1988

GX 107

	DM	SFR	ÖS	US$	GB£	JP¥	LIT
GZ 105 Bergstrüssli (9.999)	2.230	1.830	15.700	1.320	790	161.000	2.206.000
GX 107 Bonaparte	800	660	5.600	470	280	58.000	792.000

Christmas in Vienna - 1989

GX 106   GZ 114

	DM	SFR	ÖS	US$	GB£	JP¥	LIT
GX 106 Pompadour	650	530	4.600	380	230	47.000	643.000
GZ 114 Mozart (7.500)	1.050	860	7.400	620	370	76.000	1.039.000

1985/98 - SWATCH-WATCH-SPECIAL

Christmas - 1990

Christmas - 1991

GZ 116

GZ 122

	DM	SFR	ÖS	US$	GB£	JP¥	LIT
GZ 116 Hollywood Dream (9.999)	2.400	1.970	16.900	1.420	850	173.000	2.375.000
GZ 122 Hocus Pocus (14.999)	930	760	6.500	550	330	67.000	920.000

Christmas - 1992

Christmas - 1993

GZ 125

GZ 127

	DM	SFR	ÖS	US$	GB£	JP¥	LIT
GZ 125 Chandelier (49.999)	280	230	2.000	170	100	20.000	277.000
GZ 127 Roy Solei (33.333)	410	340	2.900	240	150	30.000	406.000

1985/98 - SWATCH-WATCH-SPECIAL

Easter - 1994

Christmas - 1994

GZ 128   GZ 140

	DM	SFR	ÖS	US$	GB£	JP¥	LIT
GZ 128 Eggsdream (33.333) 300		250	2.100	180	110	22.000	297.000
GZ 140 Xmas by Xtian LaX (22.222) 850		700	6.000	500	300	61.000	841.000

Christmas - 1995

GZ 148

Christmas - 1996

GZ 152

	DM	SFR	ÖS	US$	GB£	JP¥	LIT
GZ 148 Magic Spell (29.876)	380	310	2.700	220	130	27.000	376.000
GZ 152 Light Tree (19.999)	320	260	2.200	190	110	23.000	317.000

251

Christmas - 1997

GZ 900

Christmas - 1998

GZ 902

	DM	SFR	ÖS	US$	GB£	JP¥	LIT
GZ 900 Season Greetings (20.000)	240	200	1.700	140	90	17.000	237.000
GZ 902 Sparkling Life (30.000)	240	200	1.700	140	90	17.000	237.000

Blow your Time away - 1987

Black Puff   Havana Puff   Royal Puff   Petrol Puff

	DM	SFR	ÖS	US$	GB£	JP¥	LIT
- Black Puff (20)	40.880	33.520	287.400	24.120	14.510	2.948.000	40.447.000
- Havana Puff (20)	40.880	33.520	287.400	24.120	14.510	2.948.000	40.447.000
- Royal Puff (20)	40.880	33.520	287.400	24.120	14.510	2.948.000	40.447.000
- Petrol Puff (20)	40.880	33.520	287.400	24.120	14.510	2.948.000	40.447.000

Cardinal Puff

Desert Puff

	DM	SFR	ÖS	US$	GB£	JP¥	LIT
- Cardinal Puff (20)	40.880	33.520	287.400	24.120	14.510	2.948.000	40.447.000

Chronometer - 1990

GK 124   GP 104

	DM	SFR	ÖS	US$	GB£	JP¥	LIT
- Desert Puff (20)	40.880	33.520	287.400	24.120	14.510	2.948.000	40.447.000
GK 124 Jelly Fish (2.000)	930	760	6.500	550	330	67.000	920.000
GP 104 BMX (1.000)	1.350	1.110	9.500	800	480	97.000	1.336.000

Zermatt Special - 1992

Cinema 100 - 1995

| GK 125 | GB 719 | GZ 126 | GZ 142 |

	DM	SFR	ÖS	US$	GB£	JP¥	LIT
GK 125 Turbine (1.000)	1.350	1.110	9.500	800	480	97.000	1.336.000
GB 719 Knight of the Night (1.000)	1.500	1.230	10.500	890	530	108.000	1.484.000
GZ 126 Swatch the People	170	140	1.200	100	60	12.000	168.000

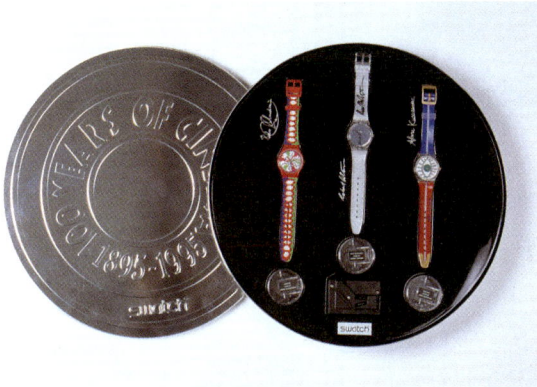

Cinema 100 Set (5.555)

Cinema 100 Set
(30.945)

GZ 141

GZ 143

	DM	SFR	ÖS	US$	GB£	JP¥	LIT
GZ 142 Despiste (36.500)	180	150	1.300	110	60	13.000	178.000
Cinema Set 100 (5.000)	950	780	6.700	560	340	69.000	940.000
GZ 141 Eiga-Shi (36.500)	170	140	1.200	100	60	12.000	168.000
GZ 143 Time to Reflect (36.500)	180	150	1.300	110	60	13.000	178.000

1985/98 - SWATCH-WATCH-SPECIAL

Walter Wegmüller - 1996

UNESCO RTL - 1996

27.10.1997

Halloween 1998

GZ 151

GZ 153

GZ 154

GZS 30

	DM	SFR	ÖS	US$	GB£	JP¥	LIT
GZ 151 Oracolo	150	120	1.100	90	50	11.000	148.000
GZ 153 Rund um die Uhr	130	110	900	80	50	9.000	129.000
GZ 154 Smart	240	200	1.700	140	90	17.000	237.000
GZS 30 Halloween	240	200	1.700	140	90	17.000	237.000

Halloween

Swatch Collectors of Swatch - 1990/91

GZ 115

Swatch Collectors of Swatch - 1992

GZ 121

	DM	SFR	ÖS	US$	GB£	JP¥	LIT
GZ 115 Golden Jelly	370	300	2.600	220	130	27.000	366.000
GZ 121 Lots of Dots	220	180	1.500	130	80	16.000	218.000

1985/98 - SWATCH-CLUB-SPECIAL

Swatch Collectors of Swatch - 1993

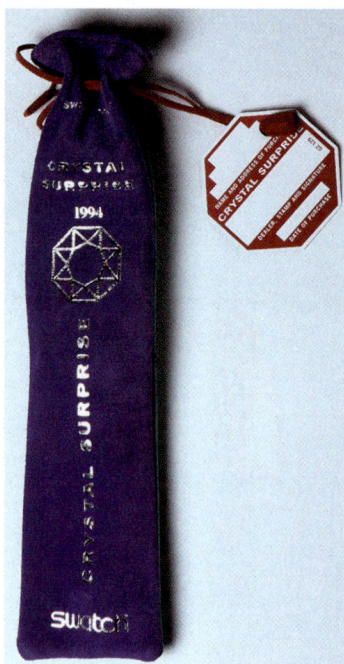

Swatch Collectors of Swatch - 1994

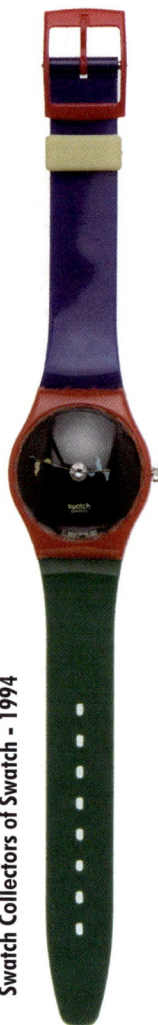

GZ 124

GZ 129

	DM	SFR	ÖS	US$	GB£	JP¥	LIT
GZ 124 Scribble	170	140	1.200	100	60	12.000	168.000
GZ 129 Crystal Surprise	200	160	1.400	120	70	14.000	198.000

Swatch Collectors of Swatch - 1995

GZ 146

	DM	SFR	ÖS	US$	GB£	JP¥	LIT
GZ 146 Point of View	190	160	1.300	110	70	14.000	188.000

1985/98 - SWATCH-CLUB-SPECIAL

Swatch Collectors of Swatch - 1996

GZ 700   GZ 701

	DM	SFR	ÖS	US$	GB£	JP¥	LIT
GZ 700 Looka	190	160	1.300	110	70	14.000	188.000
GZ 701 Smilla (20.000)	220	180	1.500	130	80	16.000	218.000

Swatch Collectors of Swatch - 1997

SKZ 103

GZ 901

	DM	SFR	ÖS	US$	GB£	JP¥	LIT
SKZ 103 Garden Turf	170	140	1.200	100	60	12.000	168.000
GZ 901 Gnomania (19.999)	300	250	2.100	180	110	22.000	297.000

Swatch Collectors of Swatch - 1998

SKZ 116

GZ 155

	DM	SFR	ÖS	US$	GB£	JP¥	LIT
SKZ 116 Lucky 7	150	120	1.100	90	50	11.000	148.000
GZ 155 Happy Pig	150	120	1.100	90	50	11.000	148.000

Olympia - 1984

Olympia - 1987

GZ 400	LZ 100	LZ 101	GZ 400 re	LZ 100 re

	DM	SFR	ÖS	US$	GB£	JP¥	LIT
GZ 400 Olympia Logo	6.250	5.130	43.900	3.690	2.220	451.000	6.184.000
LZ 100 Olympia Logo	5.850	4.800	41.100	3.450	2.080	422.000	5.788.000
LZ 101 White Olympia	8.500	6.970	59.800	5.020	3.020	613.000	8.410.000
GZ 400 re Olympia Logo	950	780	6.700	560	340	69.000	940.000
LZ 100 re Olympia Logo	950	780	6.700	560	340	69.000	940.000

1985/98 - OLYMPIA-SPECIAL

Olympia - 1990

GZ 402

LZ 102

Olympia - 1994

GZ 404

Historical Olympic Games - 1994

SDZ 100

SLZ 100

	DM	SFR	ÖS	US$	GB£	JP¥	LIT
GZ 402 Olympia II	800	660	5.600	470	280	58.000	792.000
LZ 102 Olympia II	800	660	5.600	470	280	58.000	792.000
GZ 404 Olympia III	800	660	5.600	470	280	58.000	792.000
SDZ 100 Seoul 1988	100	80	700	60	40	7.000	99.000
SLZ 100 Tokyo 1964	100	80	700	60	40	7.000	99.000

| GZ 134 | GZ 139 | SAZ 103 | SSZ 100 | SCZ 102 |

	DM	SFR	ÖS	US$	GB£	JP¥	LIT
GZ 134 St. Moriz 1928	110	90	800	60	40	8.000	109.000
GZ 139 Atlanta 1996	110	90	800	60	40	8.000	109.000
SAZ 103 Stockholm 1912	150	120	1.100	90	50	11.000	148.000
SSZ 100 Los Angeles 1932	130	110	900	80	50	9.000	129.000
SCZ 102 London 1948	160	130	1.100	90	60	12.000	158.000

1985/98 - OLYMPIA-SPECIAL

Honour and Glory - 1995

| | PMZ 111 | LZ 103 | GZ 145 | SCZ 104 | SDZ 102 |

	DM	SFR	ÖS	US$	GB£	JP¥	LIT
PMZ 111 Roma 1960	90	70	600	50	30	6.000	89.000
LZ 103 Moscow 1980	80	70	600	50	30	6.000	79.000
GZ 145 Atlanta Laurels	110	90	800	60	40	8.000	109.000
SCZ 104 Kalos	140	110	1.000	80	50	10.000	139.000
SDZ 102 Thalassios	100	80	700	60	40	7.000	99.000

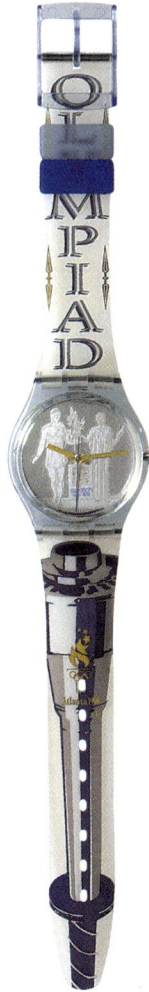

SBZ 102	SAZ 104	SLZ 102	GZ 147	LZ 104

	DM	SFR	ÖS	US$	GB£	JP¥	LIT
SBZ 102 Nikiphoros	160	130	1.100	90	60	12.000	158.000
SAZ 104 Pyrsos	140	110	1.000	80	50	10.000	139.000
SLZ 102 Dolichos	120	100	800	70	40	9.000	119.000
GZ 147 Kotinos	100	80	700	60	40	7.000	99.000
LZ 104 Chrysophoros	80	70	600	50	30	6.000	79.000

1985/98 - OLYMPIA-SPECIAL

The Olympic Legends - 1996

| PMZ 103 | SLZ 105 | SAZ 106 | GZ 149 | SBZ 103 |

	DM	SFR	ÖS	US$	GB£	JP¥	LIT
PMZ 103 Ippolytos	90	70	600	50	30	6.000	89.000
SLZ 105 Katarina Witt	100	80	700	60	40	7.000	99.000
SAZ 106 Edwin Moses	120	100	800	70	40	9.000	119.000
GZ 149 Sebastian Coe	90	70	600	50	30	6.000	89.000
SBZ 103 Mark Spitz	160	130	1.100	90	60	12.000	158.000

| SEZ 101 | SDZ 900 | LZ 105 | PMZ 104 | SCZ 105 |

	DM	SFR	ÖS	US$	GB£	JP¥	LIT
SEZ 101 Saïd Aouita	160	130	1.100	90	60	12.000	158.000
SDZ 900 Dan Jansen	110	90	800	60	40	8.000	109.000
LZ 105 Nadia Comaneci	90	70	600	50	30	6.000	89.000
PMZ 104 Gelindo Bordin	90	70	600	50	30	6.000	89.000
SCZ 105 Daley Thompson	140	110	1.000	80	50	10.000	139.000

1985/98 - OLYMPIA-SPECIAL

Victory Ceremony Series - 1996

PUZ 100   Gold

	DM	SFR	ÖS	US$	GB£	JP¥	LIT
PUZ 100 Bob Beamon	100	80	700	60	40	7.000	99.000
GZ 150 T Gold (478)	4.000	3.280	28.100	2.360	1.420	288.000	3.958.000
Gold , Silver, Bronnze-3 Set (140)	12.000	9.800	84.000	7.100	4.300	870.000	11.870.000

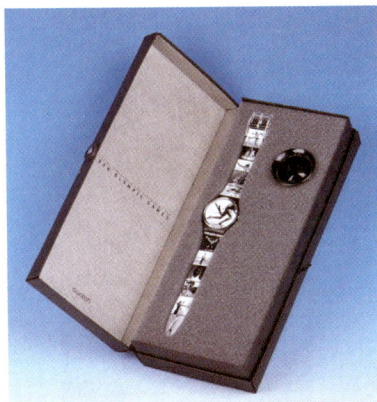

Annie Leibovitz - 1996

| Silver | Bronze | GB 178 |

	DM	SFR	ÖS	US$	GB£	JP¥	LIT
GZ 150 U Silver (478)	2.550	2.090	17.900	1.500	910	184.000	2.523.000
GZ 150 V Bronze (478)	2.230	1.830	15.700	1.320	790	161.000	2.206.000
GB 178 Olympic Portraits	200	160	1.400	120	70	14.000	198.000

1985/98 - OLYMPIA-SPECIAL

| GK 234 | GZ 134 C | SKK 100 C | GJ 109 C | GO 100 C |

	DM	SFR	ÖS	US$	GB£	JP¥	LIT
GK 234 Starfire	190	160	1.300	110	70	14.000	188.000
GZ 134 C Atlanta Guest	650	530	4.600	380	230	47.000	643.000
SKK 100 C Atlanta Press	310	250	2.200	180	110	22.000	307.000
GJ 109 C Atlanta Volunteer	380	310	2.700	220	130	27.000	376.000
GO 100 C Atlanta Staff	380	310	2.700	220	130	27.000	376.000

GZ 150   GZ 150

	DM	SFR	ÖS	US$	GB£	JP¥	LIT

GZ 150 Olympic Team 1996 .... Preise siehe nächste Seite / Check the next page for values
GZ 150 Olympic Athletes 1996 .... Preise siehe übernächste Seite / Check the following page for values

Austria

Belgium

Brazil

China

France

Germany

Great Britain

Greece

Hong Kong

Indonesia

Italy

Malaysia

New Zealand

Singapore

South Africa

Spain

Switzerland

USA

	DM	SFR	ÖS	US$	GB£	JP¥	LIT
GZ 150 Olympic Team (Austria)	160	130	1.120	90	60	11.540	158.310
GZ 150 Olympic Team (Belgium)	140	110	980	80	50	10.100	138.520
GZ 150 Olympic Team (Brazil)	220	180	1.550	130	80	15.870	217.670
GZ 150 Olympic Team (China)	200	160	1.410	120	70	14.420	197.880
GZ 150 Olympic Team (France)	120	100	840	70	40	8.650	118.730
GZ 150 Olympic Team (Germany)	120	100	840	70	40	8.650	118.730
GZ 150 Olympic Team (Great Britain)	120	100	840	70	40	8.650	118.730
GZ 150 Olympic Team (Greece)	200	160	1.410	120	70	14.420	197.880
GZ 150 Olympic Team (Hong Kong)	200	160	1.410	120	70	14.420	197.880
GZ 150 Olympic Team (Indonesia)	220	180	1.550	130	80	15.870	217.670
GZ 150 Olympic Team (Italy)	120	100	840	70	40	8.650	118.730
GZ 150 Olympic Team (Malaysia)	230	190	1.620	140	80	16.590	227.560
GZ 150 Olympic Team (New Zealand)	1.000	820	7.030	590	360	72.120	989.410
GZ 150 Olympic Team (Singapore)	170	140	1.200	100	60	12.260	168.200
GZ 150 Olympic Team (South Africa)	300	250	2.110	180	110	21.640	296.820
GZ 150 Olympic Team (Spain)	140	110	980	80	50	10.100	138.520
GZ 150 Olympic Team (Switzerland)	140	110	980	80	50	10.100	138.520
GZ 150 Olympic Team (USA)	120	100	840	70	40	8.650	118.730

Austria

Belgium

Brazil

China

France

Germany

Great Britain

Greece

Hong Kong

Indonesia

Italy

Malaysia

Singapore

Spain

Switzerland

USA

	DM	SFR	ÖS	US$	GB£	JP¥	LIT
GZ 150 Olympic Team (Austria)	4.000	3.280	28.120	2.360	1.420	288.480	3.957.640
GZ 150 Olympic Team (Belgium)	2.000	1.640	14.060	1.180	710	144.240	1.978.820
GZ 150 Olympic Team (Brazil)	2.000	1.640	14.060	1.180	710	144.240	1.978.820
GZ 150 Olympic Team (China)	2.000	1.640	14.060	1.180	710	144.240	1.978.820
GZ 150 Olympic Team (France)	2.000	1.640	14.060	1.180	710	144.240	1.978.820
GZ 150 Olympic Team (Germany)	400	330	2.810	240	140	28.850	395.760
GZ 150 Olympic Team (Great Britain)	2.000	1.640	14.060	1.180	710	144.240	1.978.820
GZ 150 Olympic Team (Greece)	4.000	3.280	28.120	2.360	1.420	288.480	3.957.640
GZ 150 Olympic Team (Hong Kong)	3.000	2.460	21.090	1.770	1.070	216.360	2.968.230
GZ 150 Olympic Team (Indonesia)	1.500	1.230	10.550	890	530	108.180	1.484.120
GZ 150 Olympic Team (Italy)	400	330	2.810	240	140	28.850	395.760
GZ 150 Olympic Team (Malaysia)	4.000	3.280	28.120	2.360	1.420	288.480	3.957.640
GZ 150 Olympic Team (Singapore)	3.000	2.490	21.090	1.740	1.060	209.340	2.964.120
GZ 150 Olympic Team (Spain)	4.000	3.280	28.120	2.360	1.420	288.480	3.957.640
GZ 150 Olympic Team (Switzerland)	500	410	3.520	300	180	36.060	494.710
GZ 150 Olympic Team (USA)	2.000	1.640	14.060	1.180	710	144.240	1.978.820

1985/98 - OLYMPIA-SPECIAL

Olympic Medalist - 1996

Gold   Silver   Bronze

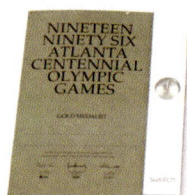

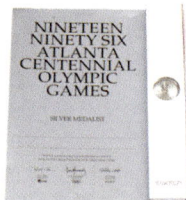

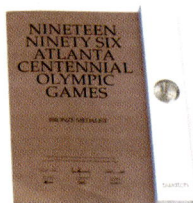

	DM	SFR	ÖS	US$	GB£	JP¥	LIT
GZ 150 Gold Medalist	2.500	2.050	17.600	1.480	890	180.000	2.474.000
GZ 150 Silver Medalist	2.500	2.050	17.600	1.480	890	180.000	2.474.000
GZ 150 Bronze Medalist	2.500	2.050	17.600	1.480	890	180.000	2.474.000

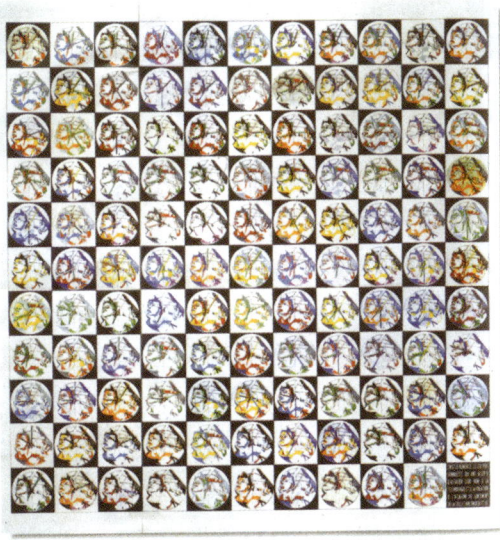

Kiki Picasso 1985

	DM	SFR	ÖS	US$	GB£	JP¥	LIT
- Kiki Picasso (120)	43.000	35.260	302.300	25.370	15.270	3.101.000	42.545.000

1985/98 - SWATCH-WATCH-ART

Keith Haring 1986

Folon 1987

| | GZ 100 | GZ 103 | GZ 102 | GZ 104 | GZ 109 |

	DM	SFR	ÖS	US$	GB£	JP¥	LIT
GZ 100 Modèle avec Personnages (9.999)	2.700	2.210	19.000	1.590	960	195.000	2.671.000
GZ 103 Mille Pattes (9.999)	2.000	1.640	14.100	1.180	710	144.000	1.979.000
GZ 102 Serpent (9.999)	2.700	2.210	19.000	1.590	960	195.000	2.671.000
GZ 104 Blanc sur noir (9.999)	2.170	1.780	15.300	1.280	770	157.000	2.147.000
GZ 109 Voir (5.000)	830	680	5.800	490	290	60.000	821.000

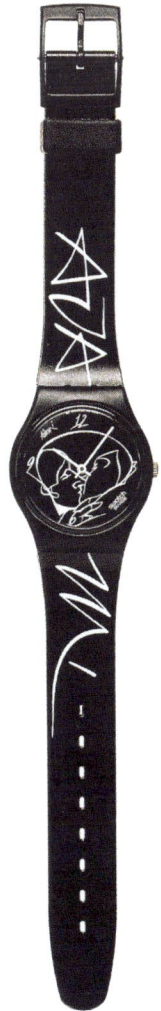

Tadanori Yokoo 1987

Fondation Meaght 1988

| GZ 106 | GZ 108 | GZ 107 | GZ 110 | GZ 111 |

	DM	SFR	ÖS	US$	GB£	JP¥	LIT
GZ 106 Perspective (5.000)	1.200	980	8.400	710	430	87.000	1.187.000
GZ 108 Le Temps (5.000)	870	710	6.100	510	310	63.000	861.000
GZ 107 Rorrim 5 (5.000)	3.050	2.500	21.400	1.800	1.080	220.000	3.018.000
GZ 110 Le Temps Ponctue (5.000)	1.450	1.190	10.200	860	510	105.000	1.435.000
GZ 111 Deux Amoureux (5.000)	1.450	1.190	10.200	860	510	105.000	1.435.000

Mimmo Paladino 1989

CH - 700 1991

GZ 401

GZ 113

GZ 117

	DM	SFR	ÖS	US$	GB£	JP¥	LIT
GZ 401 La Devoreuse (5.000)	1.450	1.190	10.200	860	510	105.000	1.435.000
GZ 113 Oigol Oro (140)	35.500	29.110	249.600	20.950	12.600	2.560.000	35.124.000
GZ 117 Fläck (2.-20.+22.-23. Edition)	160	130	1.100	90	60	12.000	158.000

1. Edition (700)

**2. -20. Edition
+
22. - 23. Edition
(5555 p. Edition)**

21. Edition (5000)

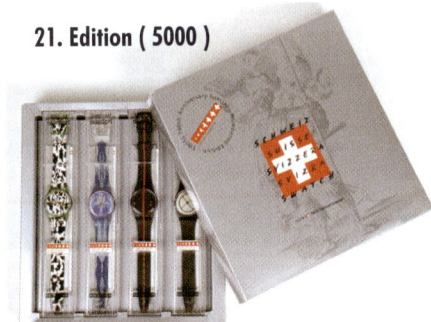

GZ 118   GZ 119   GZ 120

	DM	SFR	ÖS	US$	GB£	JP¥	LIT
GZ 118 Test (2.-20.+22.-23. Edition)	120	100	800	70	40	9.000	119.000
GZ 119 Rosso su Blackout (2.-20.+22.-23. Edition)	110	90	800	60	40	8.000	109.000
1. Edition Set (700)	870	710	6.100	510	310	63.000	861.000
21. Edition Set (5.000)	950	780	6.700	560	340	69.000	940.000
GZ 120 Wheel Animal (2.-20.+22.-23. Edition) .	350	290	2.500	210	120	25.000	346.000

Sam Francis 1992

GZ 123

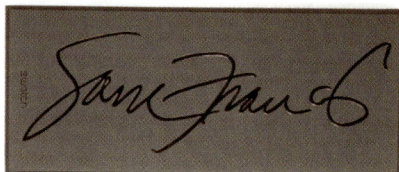

	DM	SFR	ÖS	US$	GB£	JP¥	LIT
GZ 123 Sam Francis (49.999)	440	360	3.100	260	160	32.000	435.000

Mimmo Rotella 1994

GZ 132   GZ 133

	DM	SFR	ÖS	US$	GB£	JP¥	LIT
GZ 132 Bengala (22.222)	130	110	900	80	50	9.000	129.000
GZ 133 Marilyn (22.222)	150	120	1.100	90	50	11.000	148.000
Mimmo Rotella (Set)	320	260	2.200	190	110	23.000	317.000

POP-SWATCH

	BB 001		BS 001			BR 001	
	DM	**SFR**	**ÖS**	**US$**	**GB£**	**JP¥**	**LIT**
BB 001 Jet-Black	270	220	1.900	160	100	19.000	267.000
BS 001 Blue Ribbon	270	220	1.900	160	100	19.000	267.000
BR 001 Fire Signal	270	220	1.900	160	100	19.000	267.000

BS 001

BB 001

Pop Recco

BR 001

Classic Line

BW 001

	DM	SFR	ÖS	US$	GB£	JP¥	LIT
BB 001 Jet-Black	280	230	2.000	170	100	20.000	277.000
BS 001 Blue Ribbon	280	230	2.000	170	100	20.000	277.000
BR 001 Fire Signal	280	230	2.000	170	100	20.000	277.000
BW 001 Snowflake	260	210	1.800	150	90	19.000	257.000

1986/87 - POP-SWATCH

Classic Line

Accessories

BY 001	Pocket		Sticker			Magnet	
	DM	SFR	ÖS	US$	GB£	JP¥	LIT
BY 001 Burning Sun 270		220	1.900	160	100	19.000	267.000
BB 001 Pocket 260		210	1.800	150	90	19.000	257.000
BB 001 Sticker 260		210	1.800	150	90	19.000	257.000
BB 001 Magnet 260		210	1.800	150	90	19.000	257.000

Classic Line

| BB 001 | BS 001 | BR 001 | BW 001 |

	DM	SFR	ÖS	US$	GB£	JP¥	LIT
BB 001 Jet-Black	270	220	1.900	160	100	19.000	267.000
BS 001 Blue Ribbon	270	220	1.900	160	100	19.000	267.000
BR 001 Fire Signal	270	220	1.900	160	100	19.000	267.000
BW 001 Snowflake	270	220	1.900	160	100	19.000	267.000

1986/87 - POP-SWATCH

Classic Line

BY 001

	DM	SFR	ÖS	US$	GB£	JP¥	LIT
BY 001 Burning Sun	260	210	1.800	150	90	19.000	257.000

290

Classic Line

| BB 101 | BS 101 | BR 101 | BW 101 |

	DM	SFR	ÖS	US$	GB£	JP¥	LIT
BB 101 Jet-Black	300	250	2.100	180	110	22.000	297.000
BS 101 Blue Ribbon	300	250	2.100	180	110	22.000	297.000
BR 101 Fire Signal	300	250	2.100	180	110	22.000	297.000
BW 101 Snowflake	300	250	2.100	180	110	22.000	297.000

1988 - POP-SWATCH

Fun Line

	BK 101	BK 105	BK 102	BK 104

	DM	SFR	ÖS	US$	GB£	JP¥	LIT
BK 101 Acid Pop	230	190	1.600	140	80	17.000	228.000
BK 105 Blue Pop	230	190	1.600	140	80	17.000	228.000
BK 102 Hot Turq	230	190	1.600	140	80	17.000	228.000
BK 104 Cool Pink	230	190	1.600	140	80	17.000	228.000

City Line

Roses are Forever

Caterpillar

BB 103	BB 102	BC 101	BC 103

	DM	SFR	ÖS	US$	GB£	JP¥	LIT
BB 103 Black Dots	210	170	1.500	120	70	15.000	208.000
BB 102 Grey Dots	210	170	1.500	120	70	15.000	208.000
BC 101 Roses are Forever	350	290	2.500	210	120	25.000	346.000
BC 103 Abraxas	220	180	1.500	130	80	16.000	218.000

Color City

	BB 104		BB 105		BC 102			BB 110	

	DM	SFR	ÖS	US$	GB£	JP¥	LIT
BB 104 Trifoli	200	160	1.400	120	70	14.000	198.000
BB 105 Callisto	200	160	1.400	120	70	14.000	198.000
BC 102 Plutella	200	160	1.400	120	70	14.000	198.000
BB 110 City Blues...	200	160	1.400	120	70	14.000	198.000

BB 108   BB 109

	DM	SFR	ÖS	US$	GB£	JP¥	LIT
BB 108 Red Lights	200	160	1.400	120	70	14.000	198.000
BB 109 Rush Hour	200	160	1.400	120	70	14.000	198.000

Zebra Time

	PWBK 112		PWBK 110		PWBK 111		PWBK 109	

	DM	SFR	ÖS	US$	GB£	JP¥	LIT
PWBK 112 Yellow Zebra	210	170	1.500	120	70	15.000	208.000
PWBK 110 Blue Zebra	210	170	1.500	120	70	15.000	208.000
PWBK 111 White Zebra....................................	210	170	1.500	120	70	15.000	208.000
PWBK 109 Red Zebra	210	170	1.500	120	70	15.000	208.000

New Classics

New City Line

| PWBB 111 | PWBW 102 | PWBB 113 | PWBB 109 |

	DM	SFR	ÖS	US$	GB£	JP¥	LIT
PWBB 111 Jet Black Two	200	160	1.400	120	70	14.000	198.000
PWBW 102 Snowflake Two	200	160	1.400	120	70	14.000	198.000
PWBB 113 Grey Dots Two	200	160	1.400	120	70	14.000	198.000
PWBB 109 Rush Hour	200	160	1.400	120	70	14.000	198.000

1989 - SPRING/SUMMER

Pop Fiesta

Foot Work

	PWBB 117		PWBB 116		PWBR 102		PWBB 115

	DM	SFR	ÖS	US$	GB£	JP¥	LIT
PWBB 117 Fluo Mex	210	170	1.500	120	70	15.000	208.000
PWBB 116 Aztec Red	210	170	1.500	120	70	15.000	208.000
PWBR 102 Fox-Trot	210	170	1.500	120	70	15.000	208.000
PWBB 115 PC/One	210	170	1.500	120	70	15.000	208.000

Play Time

Funpop

	PWBK 113	PWBK 114	PWBK 106	PWBB 107			

	DM	SFR	ÖS	US$	GB£	JP¥	LIT
PWBK 113 Rainbow Dots	220	180	1.500	130	80	16.000	218.000
PWBK 114 Paste Domino	220	180	1.500	130	80	16.000	218.000
PWBK 106 Pink Jam	220	180	1.500	130	80	16.000	218.000
PWBB 107 Neon Black	220	180	1.500	130	80	16.000	218.000

1989 - SPRING/SUMMER

Classic Classics

City Lights

	PWBK 120		PWBR 103		PWBB 120		PWBB 122	

	DM	SFR	ÖS	US$	GB£	JP¥	LIT
PWBK 120 Aqua Pink	210	170	1.500	120	70	15.000	208.000
PWBR 103 Better Red	210	170	1.500	120	70	15.000	208.000
PWBB 120 Basic Black	210	170	1.500	120	70	15.000	208.000
PWBB 122 Spotlight	210	170	1.500	120	70	15.000	208.000

Music Waves

	PWBB 121		PWBB 123		PWBB 125		PWBB 126

	DM	SFR	ÖS	US$	GB£	JP¥	LIT
PWBB 121 Parade	240	200	1.700	140	90	17.000	237.000
PWBB 123 Chromolux	280	230	2.000	170	100	20.000	277.000
PWBB 125 Ting-a-Ling	220	180	1.500	130	80	16.000	218.000
PWBB 126 Moog Mood	220	180	1.500	130	80	16.000	218.000

1989 - FALL/WINTER

Funny Flags

Ready. Steady. Go!

	PWBB 124	PWBB 129		PWBR 104			PWBB 131	

	DM	SFR	ÖS	US$	GB£	JP¥	LIT
PWBB 124 Mono Track	220	180	1.500	130	80	16.000	218.000
PWBB 129 Wristpad	220	180	1.500	130	80	16.000	218.000
PWBR 104 Air Walker	220	180	1.500	130	80	16.000	218.000
PWBB 131 Black Spider	220	180	1.500	130	80	16.000	218.000

Magic Potion

	PWBK 125		PWBB 132		PWBB 127			PWBK 124	

	DM	SFR	ÖS	US$	GB£	JP¥	LIT
PWBK 125 Winner Circle	220	180	1.500	130	80	16.000	218.000
PWBB 132 Finish Line	240	200	1.700	140	90	17.000	237.000
PWBB 127 Black Moon	220	180	1.500	130	80	16.000	218.000
PWBK 124 Golden Poison	220	180	1.500	130	80	16.000	218.000

Le grand Nord

PWBK 122   PWBK 103

	DM	SFR	ÖS	US$	GB£	JP¥	LIT
PWBK 122 Ice Dream	220	180	1.500	130	80	16.000	218.000
PWBK 103 Polar Paw	220	180	1.500	130	80	16.000	218.000

Innocence

Classic Leather

| PWBB 136 | PWBB 135 | PWBB 137 | PWBB 133 |

	DM	SFR	ÖS	US$	GB£	JP¥	LIT
PWBB 136 Blue Words	210	170	1.500	120	70	15.000	208.000
PWBB 135 Red Game	210	170	1.500	120	70	15.000	208.000
PWBB 137 Play Back	210	170	1.500	120	70	15.000	208.000
PWBB 133 Ink	210	170	1.500	120	70	15.000	208.000

Back to the Roots

Crazy Sports

PWBB 134	PWBK 129	PWBK 128	PWBK 126

	DM	SFR	ÖS	US$	GB£	JP¥	LIT
PWBB 134 Mocca	210	170	1.500	120	70	15.000	208.000
PWBK 129 Silversilk	210	170	1.500	120	70	15.000	208.000
PWBK 128 Coppermine	210	170	1.500	120	70	15.000	208.000
PWBK 126 Bungy	210	170	1.500	120	70	15.000	208.000

Amazonia

Gauguin

PWBJ 100	PWBB 143	PWBK 127	PWBB 141

	DM	SFR	ÖS	US$	GB£	JP¥	LIT
PWBJ 100 Skate	210	170	1.500	120	70	15.000	208.000
PWBB 143 Animalo	210	170	1.500	120	70	15.000	208.000
PWBK 127 Pina Colada	210	170	1.500	120	70	15.000	208.000
PWBB 141 Aloha	230	190	1.600	140	80	17.000	228.000

1990 - SPRING/SUMMER

Hard Days Nights

PWBS 104	PWBB 140	Dummy	PWBB 139

	DM	SFR	ÖS	US$	GB£	JP¥	LIT
PWBS 104 Tropical Night	210	170	1.500	120	70	15.000	208.000
PWBB 140 Red Eye	210	170	1.500	120	70	15.000	208.000
Dummy Red Eye	210	170	1.500	120	70	15.000	208.000
PWBB 139 Knock Out	210	170	1.500	120	70	15.000	208.000

Tuaregs

Toga Party

PWB 146	PWB 145	PWB 144	PWB 147

	DM	SFR	ÖS	US$	GB£	JP¥	LIT
PWB 146 Djellabah	210	170	1.500	120	70	15.000	208.000
PWB 145 Desert	210	170	1.500	120	70	15.000	208.000
PWB 144 Night	210	170	1.500	120	70	15.000	208.000
PWB 147 Paros	210	170	1.500	120	70	15.000	208.000

1990 - FALL/WINTER

Queen of Pythons

Dummy	PWB 149	Dummy	PWM 100

	DM	SFR	ÖS	US$	GB£	JP¥	LIT
Dummy Paros (VI = IV)	210	170	1.500	120	70	15.000	208.000
PWB 149 Naxos	210	170	1.500	120	70	15.000	208.000
Dummy Naxos (VI = IV)	210	170	1.500	120	70	15.000	208.000
PWM 100 Croco	210	170	1.500	120	70	15.000	208.000

Pentathlon

Crystals

| PWC 104 | PWK 130 | PWN 101 | PWN 100 |

	DM	SFR	ÖS	US$	GB£	JP¥	LIT
PWC 104 Dile	210	170	1.500	120	70	15.000	208.000
PWK 130 Formula Uno	210	170	1.500	120	70	15.000	208.000
PWN 101 Photofinish	210	170	1.500	120	70	15.000	208.000
PWN 100 Icecapade	210	170	1.500	120	70	15.000	208.000

Space Heroes

Dancing Art

	PWR 105		PWR 106		PWJ 101		PWK 132	

	DM	SFR	ÖS	US$	GB£	JP¥	LIT
PWR 105 Caleidoscope	210	170	1.500	120	70	15.000	208.000
PWR 106 Sputnik	210	170	1.500	120	70	15.000	208.000
PWJ 101 Moondancer	210	170	1.500	120	70	15.000	208.000
PWK 132 Color Story	210	170	1.500	120	70	15.000	208.000

Tiger Gold

Mongolic Dreams

	PWB 150	PWK 135	PWK 134	PWB 148			
	DM	**SFR**	**ÖS**	**US$**	**GB£**	**JP¥**	**LIT**
PWB 150 Patchwork	210	170	1.500	120	70	15.000	208.000
PWK 135 Jungle Roar	210	170	1.500	120	70	15.000	208.000
PWK 134 Maharajah	210	170	1.500	120	70	15.000	208.000
PWB 148 Gengis Khan	210	170	1.500	120	70	15.000	208.000

PWK 133

	DM	SFR	ÖS	US$	GB£	JP¥	LIT
PWK 133 Odalisque	210	170	1.500	120	70	15.000	208.000

Writings

Private Society

City Lights

| | PWK 141 | PWK 142 | PWK 144 | PWB 154 |

	DM	SFR	ÖS	US$	GB£	JP¥	LIT
PWK 141 Letterhead	150	120	1.100	90	50	11.000	148.000
PWK 142 Secret Red	160	130	1.100	90	60	12.000	158.000
PWK 144 Legal Blue	170	140	1.200	100	60	12.000	168.000
PWB 154 Blue Night	150	120	1.100	90	50	11.000	148.000

1991 - SPRING/SUMMER

Travel Tags

	PWB 152	PWB 153	PWF 100	PWK 140

	DM	SFR	ÖS	US$	GB£	JP¥	LIT
PWB 152 Blacktop	130	110	900	80	50	9.000	129.000
PWB 153 Red Stop	130	110	900	80	50	9.000	129.000
PWF 100 Quisisana	120	100	800	70	40	9.000	119.000
PWK 140 Raffles	130	110	900	80	50	9.000	129.000

Sea Tales

Kilim

Flower Shapes

| PWK 138 | PWK 143 | PWN 102 | PWK 137 |

	DM	SFR	ÖS	US$	GB£	JP¥	LIT
PWK 138 Aqua Club	130	110	900	80	50	9.000	129.000
PWK 143 Phantasy Waves	120	100	800	70	40	9.000	119.000
PWN 102 Aquaba	140	110	1.000	80	50	10.000	139.000
PWK 137 Provençal	120	100	800	70	40	9.000	119.000

Fabrics

Active Sport

PWK 146	PWK 139	PWP 100	Dummy

	DM	SFR	ÖS	US$	GB£	JP¥	LIT
PWK 146 Nymphaea	150	120	1.100	90	50	11.000	148.000
PWK 139 Jumping	130	110	900	80	50	9.000	129.000
PWP 100 Running	130	110	900	80	50	9.000	129.000
Dummy Running (Gehäuse / Case Pink)	200	160	1.400	120	70	14.000	198.000

Morris

Contest

| | PWB 155 | PWB 156 | PWB 157 | PWK 147 |

	DM	SFR	ÖS	US$	GB£	JP¥	LIT
PWB 155 Gunpowder	150	120	1.100	90	50	11.000	148.000
PWB 156 Shangri-La	130	110	900	80	50	9.000	129.000
PWB 157 Green Tiki	130	110	900	80	50	9.000	129.000
PWK 147 Pole Vault	120	100	800	70	40	9.000	119.000

Geosports

Circus Polka

Giacon's

| PWJ 102 | PWK 148 | PWK 149 | PWK 150 |

	DM	SFR	ÖS	US$	GB£	JP¥	LIT
PWJ 102 Countdown	120	100	800	70	40	9.000	119.000
PWK 148 Checkpoint	120	100	800	70	40	9.000	119.000
PWK 149 Acrobat	120	100	800	70	40	9.000	119.000
PWK 150 Lady Octopus	130	110	900	80	50	9.000	129.000

Thun's

60es

Coriandoli

PWK 151	PWN 104	PWR 107	PWB 158

	DM	SFR	ÖS	US$	GB£	JP¥	LIT
PWK 151 Milano	160	130	1.100	90	60	12.000	158.000
PWN 104 Contessa	120	100	800	70	40	9.000	119.000
PWR 107 Art Déco	140	110	1.000	80	50	10.000	139.000
PWB 158 Fireworks	150	120	1.100	90	50	11.000	148.000

1991 - FALL/WINTER

Asian Time

Velours

PWK 152	PWB 159	PWB 160

	DM	SFR	ÖS	US$	GB£	JP¥	LIT
PWK 152 Pleasure Garden	120	100	800	70	40	9.000	119.000
PWB 159 Blue Velvet	180	150	1.300	110	60	13.000	178.000
PWB 160 Red Velvet	180	150	1.300	110	60	13.000	178.000

The Classics

Aerials

| PWB 168 | PWB 169 | PWB 164 | PWK 154 |

	DM	SFR	ÖS	US$	GB£	JP¥	LIT
PWB 168 Star Parade	140	110	1.000	80	50	10.000	139.000
PWB 169 Roman Night	110	90	800	60	40	8.000	109.000
PWB 164 Uphill	110	90	800	60	40	8.000	109.000
PWK 154 Downhill	110	90	800	60	40	8.000	109.000

1992 - SPRING/SUMMER

Luminescence

Deco Wers

Best Friends

PWK 160   PWB 165   PWK 155   PWN 106

	DM	SFR	ÖS	US$	GB£	JP¥	LIT
PWK 160 La Boite	110	90	800	60	40	8.000	109.000
PWB 165 Sporting Club	110	90	800	60	40	8.000	109.000
PWK 155 Corolla	100	80	700	60	40	7.000	99.000
PWN 106 Blub Blub	120	100	800	70	40	9.000	119.000

Flavours

Hawaii Pacific

	PWK 156	PWB 166	PWB 167	PWK 157

	DM	SFR	ÖS	US$	GB£	JP¥	LIT
PWK 156 Meeoow	130	110	900	80	50	9.000	129.000
PWB 166 Mint Sea	120	100	800	70	40	9.000	119.000
PWB 167 Granatina	120	100	800	70	40	9.000	119.000
PWK 157 Coquillage	120	100	800	70	40	9.000	119.000

1992 - SPRING/SUMMER

Flower Salad

Optimals

PWK 158	PWK 159	PWJ 103	PWB 172

	DM	SFR	ÖS	US$	GB£	JP¥	LIT
PWK 158 Coconut	120	100	800	70	40	9.000	119.000
PWK 159 Bouquet	120	100	800	70	40	9.000	119.000
PWJ 103 Micro Garden	110	90	800	60	40	8.000	109.000
PWB 172 Checks	110	90	800	60	40	8.000	109.000

Ave Montaigne

Wonderland

PWK 166	PWK 167	PWG 100	PWK 165

	DM	SFR	ÖS	US$	GB£	JP¥	LIT
PWK 166 Dots	100	80	700	60	40	7.000	99.000
PWK 167 Squares	100	80	700	60	40	7.000	99.000
PWG 100 Perles de Folie	110	90	800	60	40	8.000	109.000
PWK 165 Alice	140	110	1.000	80	50	10.000	139.000

1992 - FALL/WINTER

Sport Symbols

Pied de Poule

Cotton Club

| | PWK 163 | | PWK 162 | | PWK 164 | | PWB 171 |

	DM	SFR	ÖS	US$	GB£	JP¥	LIT
PWK 163 Sportpourri	130	110	900	80	50	9.000	129.000
PWK 162 Fitness Club	130	110	900	80	50	9.000	129.000
PWK 164 Mlle	130	110	900	80	50	9.000	129.000
PWB 171 China	130	110	900	80	50	9.000	129.000

Swatch save the Watch

African Geo

| PWB 170 | PWK 169 | PWK 170 | PWN 108 |

	DM	SFR	ÖS	US$	GB£	JP¥	LIT
PWB 170 Tibet	110	90	800	60	40	8.000	109.000
PWK 169 Guinevere	130	110	900	80	50	9.000	129.000
PWK 170 Lancelot	110	90	800	60	40	8.000	109.000
PWN 108 Ndebele	110	90	800	60	40	8.000	109.000

Vivienne's

PWN 107   PWK 168

	DM	SFR	ÖS	US$	GB£	JP¥	LIT
PWN 107 Muezzin	110	90	800	60	40	8.000	109.000
PWK 168 Putti	310	250	2.200	180	110	22.000	307.000

Maxi-Mex

Black City

| | PWN 109 | PWK 173 | | PWK 172 | | PWB 173 | |

	DM	SFR	ÖS	US$	GB£	JP¥	LIT
PWN 109 Chichicastenango	110	90	800	60	40	8.000	109.000
PWK 173 Popocatepetl	110	90	800	60	40	8.000	109.000
PWK 172 Tegucigalpa	110	90	800	60	40	8.000	109.000
PWB 173 Nerissimo	110	90	800	60	40	8.000	109.000

Colored Sports

PWK 171	PWJ 104	PWK 175		PWK 176

	DM	SFR	ÖS	US$	GB£	JP¥	LIT
PWK 171 Square Parade	120	100	800	70	40	9.000	119.000
PWJ 104 Windsurfing	120	100	800	70	40	9.000	119.000
PWK 175 Waterskiing	120	100	800	70	40	9.000	119.000
PWK 176 Paragliding	120	100	800	70	40	9.000	119.000

Souvenir d'Afrique

Regimental

Promenade

	PWK 177		PWK 174		PWK 178		PWK 179

	DM	SFR	ÖS	US$	GB£	JP¥	LIT
PWK 177 Matin à Tanger	130	110	900	80	50	9.000	129.000
PWK 174 Pitsch Patsch	120	100	800	70	40	9.000	119.000
PWK 178 Raspberry	120	100	800	70	40	9.000	119.000
PWK 179 Blueberry	120	100	800	70	40	9.000	119.000

Menu d'ete

Holiday Trip

Gouaches

| | PWK 181 | PWK 182 | PWK 180 | PWK 187 |

	DM	SFR	ÖS	US$	GB£	JP¥	LIT
PWK 181 Langoustine	120	100	800	70	40	9.000	119.000
PWK 182 Lonely Island	110	90	800	60	40	8.000	109.000
PWK 180 The Life Saver	130	110	900	80	50	9.000	129.000
PWK 187 Palmtree	120	100	800	70	40	9.000	119.000

Staffetta

PMK 104	PWN 112	PMN 101	PWK 185

	DM	SFR	ÖS	US$	GB£	JP¥	LIT
PMK 104 Palmtree	110	90	800	60	40	8.000	109.000
PWN 112 Kasbahnight	110	90	800	60	40	8.000	109.000
PMN 101 Kasbahnight	120	100	800	70	40	9.000	119.000
PWK 185 Point	100	80	700	60	40	7.000	99.000

Northern Cold

	PMK 102		PWK 189		PMK 106			PWM 102	

	DM	SFR	ÖS	US$	GB£	JP¥	LIT
PMK 102 Point	120	100	800	70	40	9.000	119.000
PWK 189 Nineteen	120	100	800	70	40	9.000	119.000
PMK 106 Nineteen	120	100	800	70	40	9.000	119.000
PWM 102 Mondfinsternis	120	100	800	70	40	9.000	119.000

Velluto

| PMM 101 | PWN 110 | PMN 100 | PWK 188 |

	DM	SFR	ÖS	US$	GB£	JP¥	LIT
PMM 101 Mondfinsternis	130	110	900	80	50	9.000	129.000
PWN 110 Nordlicht	120	100	800	70	40	9.000	119.000
PMN 100 Nordlicht	120	100	800	70	40	9.000	119.000
PWK 188 Green Queen	150	120	1.100	90	50	11.000	148.000

1993 - FALL/WINTER

Gone with the Pop

Pappagallo

| PMK 105 | PWK 184 | PMK 101 | PWK 186 |

	DM	SFR	ÖS	US$	GB£	JP¥	LIT
PMK 105 Green Queen	160	130	1.100	90	60	12.000	158.000
PWK 184 Melanie	130	110	900	80	50	9.000	129.000
PMK 101 Melanie	140	110	1.000	80	50	10.000	139.000
PWK 186 Golden Cage	120	100	800	70	40	9.000	119.000

Naturals

| PMK 103 | PWK 183 | PMK 100 | PWM 101 |

	DM	SFR	ÖS	US$	GB£	JP¥	LIT
PMK 103 Golden Cage	130	110	900	80	50	9.000	129.000
PWK 183 Betulla	120	100	800	70	40	9.000	119.000
PMK 100 Betulla	120	100	800	70	40	9.000	119.000
PWM 101 Buchara	110	90	800	60	40	8.000	109.000

1993 - FALL/WINTER

J.C. de Castelbajac's

	PMM 100	PWK 190	PMK 107				

	DM	SFR	ÖS	US$	GB£	JP¥	LIT
PMM 100 Buchara	120	100	800	70	40	9.000	119.000
PWK 190 Enjoy it	150	120	1.100	90	50	11.000	148.000
PMK 107 Enjoy it	160	130	1.100	90	60	12.000	158.000

Popjective

Distingue

Jeux

| PWB 174 | PWG 101 | PWK 193 | PWN 113 |

	DM	**SFR**	**ÖS**	**US$**	**GB£**	**JP¥**	**LIT**
PWB 174 Tri-Angles	120	100	800	70	40	9.000	119.000
PWG 101 Wide Angle	120	100	800	70	40	9.000	119.000
PWK 193 Haute Societe	120	100	800	70	40	9.000	119.000
PWN 113 Rebus	110	90	800	60	40	8.000	109.000

1994 - SPRING/SUMMER

Echaurren's

Shore Stories

Vacances

PWV 101   PWR 109   PWK 192   PWK 194

	DM	SFR	ÖS	US$	GB£	JP¥	LIT
PWV 101 Farfalla	110	90	800	60	40	8.000	109.000
PWR 109 Point Waves	110	90	800	60	40	8.000	109.000
PWK 192 Temple	120	100	800	70	40	9.000	119.000
PWK 194 Swimmer	110	90	800	60	40	8.000	109.000

Asian Market

Fruit Salad

| PWK 195 | PWR 108 | PWV 100 | PWK 196 |

	DM	SFR	ÖS	US$	GB£	JP¥	LIT
PWK 195 Beach Cafe	120	100	800	70	40	9.000	119.000
PWR 108 Epice	120	100	800	70	40	9.000	119.000
PWV 100 Sarong	130	110	900	80	50	9.000	129.000
PWK 196 Anguria	130	110	900	80	50	9.000	129.000

Glimmer

Yoyo's

Grand Cru

	PWK 191	PPB 101	PPK 101	PMM 102

	DM	SFR	ÖS	US$	GB£	JP¥	LIT
PWK 191 Shining	120	100	800	70	40	9.000	119.000
PPB 101 Memento	120	100	800	70	40	9.000	119.000
PPK 101 Pocket Mix	120	100	800	70	40	9.000	119.000
PMM 102 Noir du Soir	120	100	800	70	40	9.000	119.000

Sweet Pleasures

Psycho Birds

Floral Seals

PWK 197	PWV 102	PWK 201	PMO 100

	DM	SFR	ÖS	US$	GB£	JP¥	LIT
PWK 197 Mélange	120	100	800	70	40	9.000	119.000
PWV 102 The Woodleaker	140	110	1.000	80	50	10.000	139.000
PWK 201 Percy's Love	120	100	800	70	40	9.000	119.000
PMO 100 Palace Doors	120	100	800	70	40	9.000	119.000

1994 - FALL/WINTER

La Divina

Après Ski

PMG 100   PMN 103   PWN 114

	DM	SFR	ÖS	US$	GB£	JP¥	LIT
PMG 100 Die Herzogin	120	100	800	70	40	9.000	119.000
PMN 103 Patching	120	100	800	70	40	9.000	119.000
PWN 114 Happy Skiing	130	110	900	80	50	9.000	129.000

Demoiselle

Greek Night

Artist's Joy

	PMG 101		PWK 203		PWK 204		PMM 103

	DM	SFR	ÖS	US$	GB£	JP¥	LIT
PMG 101 Marguerite..	240	200	1.700	140	90	17.000	237.000
PWK 203 Akros	150	120	1.100	90	50	11.000	148.000
PWK 204 Moala	250	210	1.800	150	90	18.000	247.000
PMM 103 Roses &...	110	90	800	60	40	8.000	109.000

1995 - SPRING/SUMMER

Junko's

Deco-Ration

Pocket Science

	PMK 109		PMR 100			PMK 108			PPK 102	

	DM	SFR	ÖS	US$	GB£	JP¥	LIT
PMK 109 Vert	110	90	800	60	40	8.000	109.000
PMR 100 Rouge	110	90	800	60	40	8.000	109.000
PMK 108 Pantoufle	120	100	800	70	40	9.000	119.000
PPK 102 Graphology	100	80	700	60	40	7.000	99.000

348

The Classics

Black or White

| PPB 102 | PWB 175 | PMW 100 | PPW 100 |

	DM	SFR	ÖS	US$	GB£	JP¥	LIT
PPB 102 Mythology	100	80	700	60	40	7.000	99.000
PWB 175 A Jamais	110	90	800	60	40	8.000	109.000
PMW 100 Black Widow	110	90	800	60	40	8.000	109.000
PPW 100 Blackout	100	80	700	60	40	7.000	99.000

1995 - FALL/WINTER

Russian Inspirations

Velvet Sensations

The Big Cold

Highland Stories

	PMR 101		PMB 102		PMN 104		PMK 110

	DM	SFR	ÖS	US$	GB£	JP¥	LIT
PMR 101 Derjava	110	90	800	60	40	8.000	109.000
PMB 102 Smooth Velvet	130	110	900	80	50	9.000	129.000
PMN 104 Warm Up	110	90	800	60	40	8.000	109.000
PMK 110 Mc Lola	110	90	800	60	40	8.000	109.000

Short Stories

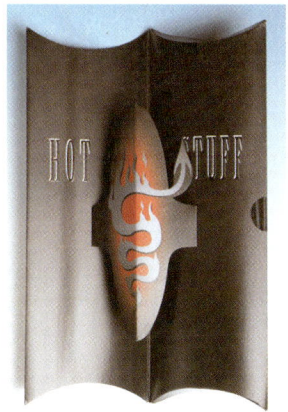

PMO 101	PPB 103	PMB 103

	DM	SFR	ÖS	US$	GB£	JP¥	LIT
PMO 101 Mille Feuille	120	100	800	70	40	9.000	119.000
PPB 103 Sun in the Pocket	110	90	800	60	40	8.000	109.000
PMB 103 Hot Stuff	130	110	900	80	50	9.000	129.000

1996 - SPRING/SUMMER

Ethnosense

PMB 104

Faces

PMN 105

Short Stories

PMV 100

PMK 111

	DM	SFR	ÖS	US$	GB£	JP¥	LIT
PMB 104 Kishoo	120	90	800	70	40	9.000	119.000
PMN 105 Tappeto	120	90	800	70	40	9.000	119.000
PUN 100 One World	110	80	800	60	40	8.000	109.000
PMV 100 Frambois	120	90	800	70	40	9.000	119.000

Short Stories

PMK 112	PMK 113	PPN 100	PUB 100

	DM	SFR	ÖS	US$	GB£	JP¥	LIT
PMK 111 Asparagus	120	90	800	70	40	9.000	119.000
PMK 112 Fleurs D'Été	110	80	800	60	40	8.000	109.000
PMK 113 Bathing Beauty	110	80	800	60	40	8.000	109.000
PPN 100 Enchainé	110	80	800	60	40	8.000	109.000

Faces

Asphalt

Sparkles

PUK 100	PUN 100				PPK 103			PMK 114	
	DM	**SFR**	**ÖS**	**US$**	**GB£**	**JP¥**	**LIT**		
PUB 100 Nightstar	120	90	800	70	40	9.000	119.000		
PUK 100 Sveglia	110	80	800	60	40	8.000	109.000		
PPK 103 See U	110	80	800	60	40	8.000	109.000		
PMK 114 Shine	100	80	700	60	40	7.000	99.000		

Primaries

| PUK 101 | PMB 106 | PMB 107 | PMB 105 |

	DM	SFR	ÖS	US$	GB£	JP¥	LIT
PUK 101 Light Spyral	100	80	700	60	40	7.000	99.000
PMB 106 Flex	100	80	700	60	40	7.000	99.000
PMB 107 Stretch	100	80	700	60	40	7.000	99.000
PMB 105 Victorian Knot	100	80	700	60	40	7.000	99.000

The Classics

Rising Sun

Information Landscape

PMK 115	PMK 116	PUR 100	PUB 101

	DM	SFR	ÖS	US$	GB£	JP¥	LIT
PMK 115 Doggy Bag	100	80	700	60	40	7.000	99.000
PMK 116 Grey Pearl	100	80	700	60	40	7.000	99.000
PUR 100 Sayonara	110	80	800	60	40	8.000	109.000
PUB 101 CD Rack	110	80	800	60	40	8.000	109.000

Movimento

PMB 110

Promises

PMK 117

Exotica

PMG 102

Primaries

PMB 109

	DM	SFR	ÖS	US$	GB£	JP¥	LIT
PMB 110 Coffee	100	80	700	60	40	7.000	99.000
PMK 117 Cuff	110	90	800	60	40	8.000	109.000
PMG 102 Butterfly	100	80	700	60	40	7.000	99.000
PMB 109 Skinny	100	80	700	60	40	7.000	99.000

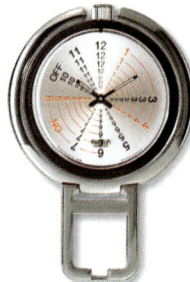

Ultraqua

	PMV 101		PUK 102		PUB 102		PUK 103	

	DM	SFR	ÖS	US$	GB£	JP¥	LIT
PMV 101 Janet	100	80	700	60	40	7.000	99.000
PUK 102 Ringo	100	80	700	60	40	7.000	99.000
PUB 102 Sound Effects	100	80	700	60	40	7.000	99.000
PUK 103 Night & Day	110	90	800	60	40	8.000	109.000

The Classics

9 Months

PMB 111   PMI 100   PMK 119

	DM	SFR	ÖS	US$	GB£	JP¥	LIT
PMB 111 Leggenda	100	80	700	60	40	7.000	99.000
PMI 100 Super Baby	100	80	700	60	40	7.000	99.000
PMK 119 Foulard	100	80	700	60	40	7.000	99.000

PMK 118   PMB 112   PMN 106

	DM	SFR	ÖS	US$	GB£	JP¥	LIT
PMK 118 Troubled Water	90	70	600	50	30	6.000	89.000
PMK 112 Missing Nails	100	80	700	60	40	7.000	99.000
PMN 106 Matelot	90	70	600	50	30	6.000	89.000

40 Minutes

| PUJ 101 | PUJ 100 | PUK 104 |

	DM	SFR	ÖS	US$	GB£	JP¥	LIT
PUJ 101 Flower Power	110	90	800	60	40	8.000	109.000
PUJ 100 Digitour	100	80	700	60	40	7.000	99.000
PUK 104 Travel Kit	100	80	700	60	40	7.000	99.000

| PMB 116 | PMB 114 | PMK 120 AB | PMB 115 |

	DM	SFR	ÖS	US$	GB£	JP¥	LIT
PMB 116 Neanda	90	70	600	50	30	6.000	89.000
PMB 114 Kurumbu	90	70	600	50	30	6.000	89.000
PMK 120 A/B Embroidery	90	70	600	50	30	6.000	89.000
PMB 115 Periscope	90	70	600	50	30	6.000	89.000

PMB 113	PUN 101	PUK 105	PUK 106

	DM	SFR	ÖS	US$	GB£	JP¥	LIT
PMB 113 Carbon	90	70	600	50	30	6.000	89.000
PUN 101 Bahnhof	110	90	800	60	40	8.000	109.000
PUK 105 Slurb	110	90	800	60	40	8.000	109.000
PUK 106 Ploughing	110	90	800	60	40	8.000	109.000

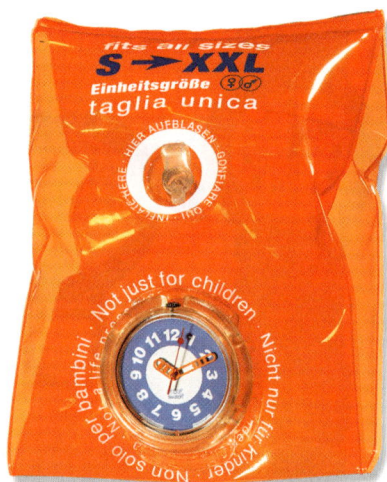
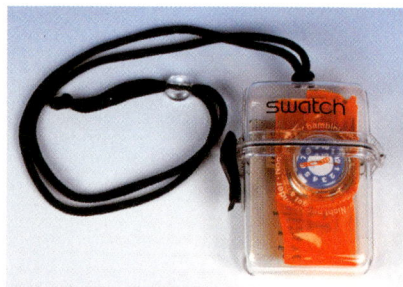

PMN 107	PMR 102	PMK 121	PMK 122

	DM	SFR	ÖS	US$	GB£	JP¥	LIT
PMN 107 Bouée	90	70	600	50	30	6.000	89.000
PMR 102 Royalty	90	70	600	50	30	6.000	89.000
PMK 121 Turbante	90	70	600	50	30	6.000	89.000
PMK 122 Aquafun	90	70	600	50	30	6.000	89.000

PMO 102

	DM	SFR	ÖS	US$	GB£	JP¥	LIT
PMO 102 Neanda Orange	90	70	600	50	30	6.000	89.000

1988/98 - POP-SWATCH-SPECIAL

POP-SWATCH-SPECIAL

Christmas - 1988

BB 106

	DM	SFR	ÖS	US$	GB£	JP¥	LIT
BB 106 Pop Diva (9.999)	1.370	1.120	9.600	810	490	99.000	1.355.000

Haute Couture - 1989

PWBW 104

PWBB 142

	DM	SFR	ÖS	US$	GB£	JP¥	LIT
PWBW 104 Blanc de Blanc (14.999)	300	250	2.100	180	110	22.000	297.000
PWBB 142 Coco Noir (14.999)	300	250	2.100	180	110	22.000	297.000

POP-SWATCH-SPECIAL - 1988/98

Christmas - 1990

PWB 151

Christmas - 1991

PWK 153

	DM	SFR	ÖS	US$	GB£	JP¥	LIT
PWB 151 Encantador (9.999)	420	340	3.000	250	150	30.000	416.000
PWK 153 Bottone (14.999)	320	260	2.200	190	110	23.000	317.000

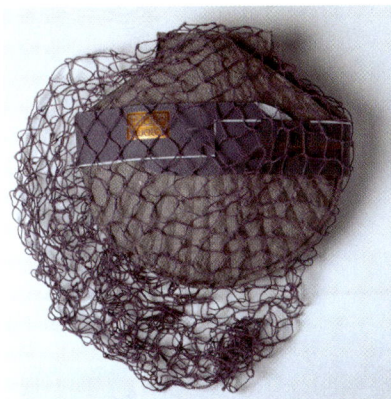

En Vogue - 1992

Seaside Dream - 1993

PWZ 103

PWZ 106

	DM	SFR	ÖS	US$	GB£	JP¥	LIT
PWZ 103 Veruschka	150	120	1.100	90	50	11.000	148.000
PWZ 106 Soupe de Poisson	140	110	1.000	80	50	10.000	139.000

Summer Special - 1994

Fall - 1997

PWZ 108

PMZ 105

	DM	SFR	ÖS	US$	GB£	JP¥	LIT
PWZ 108 Leaf (33.333)	180	150	1.300	110	60	13.000	178.000
PMZ 105 Feathers (20.000)	290	240	2.000	170	100	21.000	287.000

One more Time by Alfred Hofkunst - 1991

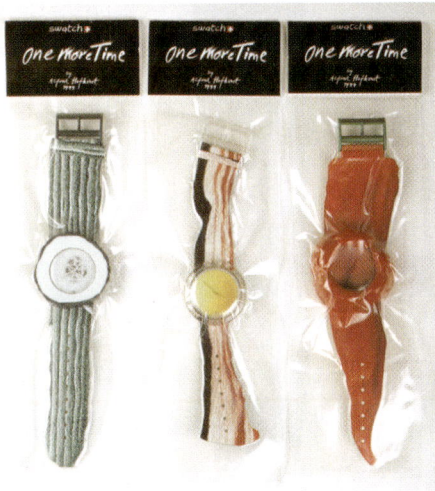

PWZ 100   PWZ 101

	DM	SFR	ÖS	US$	GB£	JP¥	LIT
PWZ 100 Gu(h)rke (9.999)	450	370	3.200	270	160	32.000	445.000
PWZ 101 Bonju(h)r (9.999)	450	370	3.200	270	160	32.000	445.000

1991/93 - POP-SWATCH-ART

Vivienne Westwood - 1993

PWZ 102   PWZ 105

	DM	SFR	ÖS	US$	GB£	JP¥	LIT
PWZ 102 Verdu(h)ra (9.999)	450	370	3.200	270	160	32.000	445.000
PWZ 105 Orb (49.999)	530	430	3.700	310	190	38.000	524.000

SWATCH-CHRONO

	SCN 100	SCB 104		SCB 101	SCB 100	

	DM	SFR	ÖS	US$	GB£	JP¥	LIT
SCN 100 Skipper	220	180	1.500	130	80	16.000	218.000
SCB 104 Sand Storm	300	250	2.100	180	110	22.000	297.000
SCB 101 Classic Brown	650	530	4.600	380	230	47.000	643.000
SCB 100 Black Friday	200	160	1.400	120	70	14.000	198.000

1990 - SWATCH-CHRONO

SCB 100   SCB 105   SCN 101   SCW 100

	DM	SFR	ÖS	US$	GB£	JP¥	LIT
SCB 100 Black Friday (Bicolor)	650	530	4.600	380	230	47.000	643.000
SCB 105 Skate Bike	250	210	1.800	150	90	18.000	247.000
SCN 101 Signal Flag	250	210	1.800	150	90	18.000	247.000
SCW 100 White Horses	700	570	4.900	410	250	50.000	693.000

	SCJ 100		SCL 100		SCR 100		SCM 100		SCN 102	

	DM	SFR	ÖS	US$	GB£	JP¥	LIT
SCJ 100 Neo Wave	150	120	1.100	90	50	11.000	148.000
SCL 100 Flash Arrow	150	120	1.100	90	50	11.000	148.000
SCR 100 Navy Berry	150	120	1.100	90	50	11.000	148.000
SCM 100 Goldfinger	300	250	2.100	180	110	22.000	297.000
SCN 102 Silver Star	190	160	1.300	110	70	14.000	188.000

SCB 107   SCB 106

	DM	SFR	ÖS	US$	GB£	JP¥	LIT
SCB 107 Rollerball	200	160	1.400	120	70	14.000	198.000
SCB 106 Wall Street	180	150	1.300	110	60	13.000	178.000

SCB 108	SCN 103	SCJ 101	SCM 101	SCB 109

	DM	SFR	ÖS	US$	GB£	JP¥	LIT
SCB 108 Award	150	120	1.100	90	50	11.000	148.000
SCN 103 JFK	150	120	1.100	90	50	11.000	148.000
SCJ 101 Grand Prix	150	120	1.100	90	50	11.000	148.000
SCM 101 Sirio	150	120	1.100	90	50	11.000	148.000
SCB 109 Colossal	150	120	1.100	90	50	11.000	148.000

SCN 104

	DM	SFR	ÖS	US$	GB£	JP¥	LIT
SCN 104 Timeless Zone	200	160	1.400	120	70	14.000	198.000

| | SCM 102 | SCL 102 | SCK 100 | SCB 110 | SCK 101 |

	DM	SFR	ÖS	US$	GB£	JP¥	LIT
SCM 102 Jet Lag	150	120	1.100	90	50	11.000	148.000
SCL 102 Sound	150	120	1.100	90	50	11.000	148.000
SCK 100 Wild Card	150	120	1.100	90	50	11.000	148.000
SCB 110 Moon Shadow	150	120	1.100	90	50	11.000	148.000
SCK 101 Blue Chip	150	120	1.100	90	50	11.000	148.000

1993 - SPRING/SUMMER

SCG 100/1	SCK 104	SCN 107	SCL 103	SCK 102

	DM	SFR	ÖS	US$	GB£	JP¥	LIT
SCG 100/1 Golden Globe	230	190	1.600	140	80	17.000	228.000
SCK 104 Jelly Stag	150	120	1.100	90	50	11.000	148.000
SCN 107 Honeytree	150	120	1.100	90	50	11.000	148.000
SCL 103 Pinksprings	150	120	1.100	90	50	11.000	148.000
SCK 102 Riding Star	150	120	1.100	90	50	11.000	148.000

SCB 111	SCV 100	SCK 103	SCN 105/6

	DM	SFR	ÖS	US$	GB£	JP¥	LIT
SCB 111 Lodge	190	160	1.300	110	70	14.000	188.000
SCV 100 Greentic	150	120	1.100	90	50	11.000	148.000
SCK 103 Windmill	150	120	1.100	90	50	11.000	148.000
SCN 105/6 Alabama	150	120	1.100	90	50	11.000	148.000

| SCG 104 | SCN 109 | SCN 108 | SCG 102/3 | SCM 401 |

	DM	SFR	ÖS	US$	GB£	JP¥	LIT
SCG 104 Hitch Hiker	180	150	1.300	110	60	13.000	178.000
SCN 109 Fury	170	140	1.200	100	60	12.000	168.000
SCN 108 Performance	160	130	1.100	90	60	12.000	158.000
SCG 102/3 Inspyral	220	180	1.500	130	80	16.000	218.000
SCM 401 Atz Eco	190	160	1.300	110	70	14.000	188.000

| | SCK 400 | SCN 112 | SCK 105 | SCK 106 | SCN 110/1 |

	DM	SFR	ÖS	US$	GB£	JP¥	LIT
SCK 400 Whipped Cream	190	160	1.300	110	70	14.000	188.000
SCN 112 Echodeco	150	120	1.100	90	50	11.000	148.000
SCK 105 Fumo Di Londra	150	120	1.100	90	50	11.000	148.000
SCK 106 Lemon Breeze	150	120	1.100	90	50	11.000	148.000
SCN 110/1 Power Steel	150	120	1.100	90	50	11.000	148.000

| SCK 401 | SCK 107 | SCM 106/7 | SCN 401 | SCB 112 |

	DM	SFR	ÖS	US$	GB£	JP¥	LIT
SCK 401 Croccante	160	130	1.100	90	60	12.000	158.000
SCK 107 Ocean Breeze	150	120	1.100	90	50	11.000	148.000
SCM 106/7 Pleasure Dome	160	130	1.100	90	60	12.000	158.000
SCN 401 Pearl Frame	150	120	1.100	90	50	11.000	148.000
SCB 112 Miobiao	150	120	1.100	90	50	11.000	148.000

SCG 105	SCM 104/5	SCG 401	SCO 100

	DM	SFR	ÖS	US$	GB£	JP¥	LIT
SCG 105 Tyrone	150	120	1.100	90	50	11.000	148.000
SCM 104/5 Volupté	160	130	1.100	90	60	12.000	158.000
SCG 401 Mimetica	150	120	1.100	90	50	11.000	148.000
SCO 100 Dancing Feathers	150	120	1.100	90	50	11.000	148.000

| SCK 108 | SCN 116 | SCN 114/5 | SCN 402/3 | SCK 402 |

	DM	SFR	ÖS	US$	GB£	JP¥	LIT
SCK 108 Blue Horizon	170	140	1.200	100	60	12.000	168.000
SCN 116 The Top Brass	150	120	1.100	90	50	11.000	148.000
SCN 114/5 La Reine Prochaine	150	120	1.100	90	50	11.000	148.000
SCN 402/3 Moon Date	180	150	1.300	110	60	13.000	178.000
SCK 402 Sea Port	150	120	1.100	90	50	11.000	148.000

The Classics

| SCJ 400 | SCB 113 | SCF 100 | SCM 402 | SCB 114 |

	DM	SFR	ÖS	US$	GB£	JP¥	LIT
SCJ 400 Clocher	150	120	1.100	90	50	11.000	148.000
SCB 113 Count	150	120	1.100	90	50	11.000	148.000
SCF 100 Romain	150	120	1.100	90	50	11.000	148.000
SCM 402 Ice Cube	160	130	1.100	90	60	12.000	158.000
SCB 114 Pure Black	160	130	1.100	90	60	12.000	158.000

1995 - FALL/WINTER

Black or White

Russian Inspirations

Velvet Sensations

Highland Stories

Short Stories

SCB 116   SCG 107   SCK 405   SCG 106   SCM 108

	DM	SFR	ÖS	US$	GB£	JP¥	LIT
SCB 116 Chess	150	120	1.100	90	50	11.000	148.000
SCG 107 Russian Treasury	150	120	1.100	90	50	11.000	148.000
SCK 405 Sa Majesté Velours	160	130	1.100	90	60	12.000	158.000
SCG 106 Hole in One	140	110	1.000	80	50	10.000	139.000
SCM 108 Sweet Delight	150	120	1.100	90	50	11.000	148.000

SCK 404   SCM 109/10   SCK 403

	DM	SFR	ÖS	US$	GB£	JP¥	LIT
SCK 404 Blue Function	160	130	1.100	90	60	12.000	158.000
SCM 109/10 Steelworker	160	130	1.100	90	60	12.000	158.000
SCK 403 Clerk	150	120	1.100	90	50	11.000	148.000

1996 - SPRING/SUMMER

Ethnosense

Breakfast

Short Stories

| SCG 108 | SCK 110 | SCN 404 | SCG 109 | SCK 109 |

	DM	SFR	ÖS	US$	GB£	JP¥	LIT
SCG 108 Papiro	140	110	1.000	80	50	10.000	139.000
SCK 110 See Through	140	110	1.000	80	50	10.000	139.000
SCN 404 Coolpack	140	110	1.000	80	50	10.000	139.000
SCG 109 Archimede	140	110	1.000	80	50	10.000	139.000
SCK 109 Business Class	160	120	1.100	90	60	12.000	158.000

Rising Sun

Primaries

SCM 403	SCM 112 A/B	SCM 113 A/B	SCN 117	SCN 118

	DM	SFR	ÖS	US$	GB£	JP¥	LIT
SCM 403 Rallye	190	150	1.300	110	70	14.000	188.000
SCM 112 A/B Specchio	140	110	1.000	80	50	10.000	139.000
SCM 113 A/B Redbanner	140	110	1.000	80	50	10.000	139.000
SCN 117 Le Bleu	140	110	1.000	80	50	10.000	139.000
SCN 118 Smokey	140	110	1.000	80	50	10.000	139.000

The Classics

Asphalt Group

| SCR 101 | SCK 407 A/B | SCK 111 | SCK 408 |

	DM	SFR	ÖS	US$	GB£	JP¥	LIT
SCR 101 La Rouge	140	110	1.000	80	50	10.000	139.000
SCK 407 A/B Shiny Start	150	120	1.100	90	50	11.000	148.000
SCK 111 Lavagna	140	110	1.000	80	50	10.000	139.000
SCK 408 Slow Down	140	110	1.000	80	50	10.000	139.000

Movimento

Time Jockeys

Space Place

Ultraqua

SCB 117	SCK 409	SCK 112	SCK 410 A/B	SCN 119

	DM	SFR	ÖS	US$	GB£	JP¥	LIT
SCB 117 Excentric	140	110	1.000	80	50	10.000 ˙	139.000
SCK 409 Time Dimension	140	110	1.000	80	50	10.000	139.000
SCK 112 Time to Call	140	110	1.000	80	50	10.000	139.000
SCK 410 A/B Virtual Green	140	110	1.000	80	50	10.000	139.000
SCN 119 Deep	150	120	1.100	90	50	11.000	148.000

The Classics

1 Life

SCM 404	SCB 400	SCM 405	SCK 113

	DM	SFR	ÖS	US$	GB£	JP¥	LIT
SCM 404 Liquorice	140	110	1.000	80	50	10 000	139.000
SCB 400 Skyscraping	140	110	1.000	80	50	10.000	139.000
SCM 405 Bois Sauvage	140	110	1.000	80	50	10.000	139.000
SCK 113 Speed Counters	140	110	1.000	80	50	10.000	139.000

SCB 119 A/B   SCK 411 A/B   SCR 400 A/B

	DM	SFR	ÖS	US$	GB£	JP¥	LIT
SCB 119 A/B Metal Edge	150	120	1.100	90	50	11.000	148.000SCK
411 A/B Glowing Ice	160	130	1.100	90	60	12.000	158.000
SCR 400 A/B Brownbrushed	140	110	1.000	80	50	10.000	139.000

1998 - SPRING/SUMMER

	SCK 413	SCK 414	SCN 405 SL	SCK 412	SCB 120 AB

	DM	SFR	ÖS	US$	GB£	JP¥	LIT
SCK 413 Overdrive	150	120	1.100	90	50	11.000	148.000
SCK 414 Limousine	150	120	1.100	90	50	11.000	148.000
SCN 405 SL Velocità	150	120	1.100	90	50	11.000	148.000
SCK 412 Waterspeed	150	120	1.100	90	50	11.000	148.000
SCB 120 AB CD Player	150	120	1.100	90	50	11.000	148.000

SCK 415 AB	SOI 401 AB	SOB 401 AB	SON 400	SON 401

	DM	SFR	ÖS	US$	GB£	JP¥	LIT
SCK 415 AB Crystalloïd	150	120	1.100	90	50	11.000	148.000
SOI 401 AB Activation	150	120	1.100	90	50	11.000	148.000
SCB 401 AB Twinkling	150	120	1.100	90	50	11.000	148.000
SON 400 AB Decibell	150	120	1.100	90	50	11.000	148.000
SON 401 Point d'orgue	150	120	1.100	90	50	11.000	148.000

1994/98 - CHRONO-SPECIAL

CHRONO-SPECIAL

1994

1995

SCZ 101

SCZ 103

	DM	SFR	ÖS	US$	GB£	JP¥	LIT
SCZ 101 IOC 100	140	110	1.000	80	50	10.000	139.000
SCZ 103 UNlimited	150	120	1.100	90	50	11.000	148.000

Michael Johnson - 1997

SCZ 400

	DM	SFR	ÖS	US$	GB£	JP¥	LIT
SCZ 400 Gold Medal	150	120	1.100	90	50	11.000	148.000

399

1994/98 - CHRONO-SPECIAL

France 1998

SCZ 401 FR

SCZ 401 BR

SCZ 401 DE

SCZ 401 EN

SCZ 401 IT

SCZ 401 JA

SCZ 401 SC

SCZ 401 SP

SCZ 401 US

	DM	SFR	ÖS	US$	GB£	JP¥	LIT
SCZ 401 Goooal	150	120	1.100	90	50	11.000	148.000

SWATCH-SCUBA 200

	SDK 101	SDB 100	SDB 100	SDK 100

	DM	SFR	ÖS	US$	GB£	JP¥	LIT
SDK 101 Merou	330	270	2.300	190	120	24.000	327.000
SDB 100 Barrier Reef	130	110	900	80	50	9.000	129.000
SDB 100 Barrier Reef (1. US-Version)	610	500	4.300	360	220	44.000	604.000
SDK 100 Deep Blue	220	180	1.500	130	80	16.000	218.000

SWATCH-SCUBA 200 - 1990

| SDK 100 | SDN 400 | SDN 400 | SDK 102 | SDK 103 |

	DM	SFR	ÖS	US$	GB£	JP¥	LIT
SDK 100 Deep Blue (1. US-Version)	250	210	1.800	150	90	18.000	247.000
SDN 400 Bora Bora	290	240	2.000	170	100	21.000	287.000
SDN 400 Bora Bora (1. US-Version)	330	270	2.300	190	120	24.000	327.000
SDK 102 Medusa	120	100	800	70	40	9.000	119.000
SDK 103 Hyppocampus	110	90	800	60	40	8.000	109.000

SDN 101   SDN 101   SDN 100

	DM	SFR	ÖS	US$	GB£	JP¥	LIT
SDN 101 Happy Fish	200	160	1.400	120	70	14.000	198.000
SDN 101 Happy Fish (1. US-Version)	410	340	2.900	240	150	30.000	406.000
SDN 100 Blue Moon	130	110	900	80	50	9.000	129.000

| | SDK 104 | SDJ 100 | SDB 102 | SDK 105 | SDB 101 |

	DM	SFR	ÖS	US$	GB£	JP¥	LIT
SDK 104 Jelly Bubbles	120	100	800	70	40	9.000	119.000
SDJ 100 Coming Tide	110	90	800	60	40	8.000	109.000
SDB 102 Shamu / Black Wave	110	90	800	60	40	8.000	109.000
SDK 105 Sea Grapes	110	90	800	60	40	8.000	109.000
SDB 101 Captain Nemo	130	110	900	80	50	9.000	129.000

SDN 102   SDK 106   SDN 103

	DM	SFR	ÖS	US$	GB£	JP¥	LIT
SDN 102 Divine	160	130	1.100	90	60	12.000	158.000
SDK 106 Red Island	120	100	800	70	40	9.000	119.000
SDN 103 Spray-Up	100	80	700	60	40	7.000	99.000

SPRING/SUMMER - 1993

	SDJ 101		SDN 104		SDN 105		SDK 107		SDN 106	

	DM	SFR	ÖS	US$	GB£	JP¥	LIT
SDJ 101 Bay-Breeze	100	80	700	60	40	7.000	99.000
SDN 104 Rowing	100	80	700	60	40	7.000	99.000
SDN 105 Over the Wave	100	80	700	60	40	7.000	99.000
SDK 107 Blue Ice	110	90	800	60	40	8.000	109.000
SDN 106 Bermuda Triangle	140	110	1.000	80	50	10.000	139.000

SDK 110	SDK 108/9	SDG 102/3	SDG 100	SDG 101

	DM	SFR	ÖS	US$	GB£	JP¥	LIT
SDK 110 Tech Diving	100	80	700	60	40	7.000	99.000
SDK 108/9 Mint Drops	120	100	800	70	40	9.000	119.000
SDG 102/3 Cherry Drops	150	120	1.100	90	50	11.000	148.000
SDG 100 Sailor's Joy	100	80	700	60	40	7.000	99.000
SDG 101 Swordfish	100	80	700	60	40	7.000	99.000

	SDK 112		SDK 111		SDN 107		SDB 103	

	DM	SFR	ÖS	US$	GB£	JP¥	LIT
SDK 112 Golden Island	130	110	900	80	50	9.000	129.000
SDK 111 Tipping Compass	110	90	800	60	40	8.000	109.000
SDN 107 Silver Trace	100	80	700	60	40	7.000	99.000
SDB 103 Bombola	100	80	700	60	40	7.000	99.000

SDN 109	SDK 113	SDN 108	SDK 114/5	SDK 116/7

	DM	SFR	ÖS	US$	GB£	JP¥	LIT
SDN 109 En Vague	130	110	900	80	50	9.000	129.000
SDK 113 Lunaire	180	150	1.300	110	60	13.000	178.000
SDN 108 Sea Floor	110	90	800	60	40	8.000	109.000
SDK 114/5 Red Marine	120	100	800	70	40	9.000	119.000
SDK 116/7 Spark Vessel	150	120	1.100	90	50	11.000	148.000

SPRING/SUMMER - 1994

SDM 100/1	SDM 102	SDV 101	SDN 110	SDK 119

	DM	SFR	ÖS	US$	GB£	JP¥	LIT
SDM 100/1 Black Gondola	110	90	800	60	40	8.000	109.000
SDM 102 Morgan	100	80	700	60	40	7.000	99.000
SDV 101 Color Wheel	100	80	700	60	40	7.000	99.000
SDN 110 Pacific Beach	160	130	1.100	90	60	12.000	158.000
SDK 119 Seahorse	110	90	800	60	40	8.000	109.000

| | SDG 104 | SDO 100 | SDM 103 | SDN 114/5 | SDN 112/3 |

	DM	SFR	ÖS	US$	GB£	JP¥	LIT
SDG 104 Beach Virgin	100	80	700	60	40	7.000	99.000
SDO 100 Seaclip	110	90	800	60	40	8.000	109.000
SDM 103 Starflash	100	80	700	60	40	7.000	99.000
SDN 114/5 Underpressure	110	90	800	60	40	8.000	109.000
SDN 112/3 Decompression	120	100	800	70	40	9.000	119.000

411

SDK 118   SDB 104   SDG 105

	DM	SFR	ÖS	US$	GB£	JP¥	LIT
SDK 118 Pearlshell	140	110	1.000	80	50	10.000	139.000
SDB 104 Squiggly	110	90	800	60	40	8.000	109.000
SDG 105 Ship of Glory	100	80	700	60	40	7.000	99.000

	SDG 106	SDN 111	SDN 118	SDK 120	SDS 100

	DM	SFR	ÖS	US$	GB£	JP¥	LIT
SDG 106 Südpol	110	90	800	60	40	8.000	109.000
SDN 111 Goldfish	120	100	800	70	40	9.000	119.000
SDN 118 Lobster	120	100	800	70	40	9.000	119.000
SDK 120 Anguilla	120	100	800	70	40	9.000	119.000
SDS 100 Ice Party	140	110	1.000	80	50	10.000	139.000

SDK 123	SDN 116/7	SDB 105	SDK 902	SDK 900/1

	DM	SFR	ÖS	US$	GB£	JP¥	LIT
SDK 123 Waterdrop	110	90	800	60	40	8.000	109.000
SDN 116/7 Abyss	180	150	1.300	110	60	13.000	178.000
SDB 105 Black Shark	110	90	800	60	40	8.000	109.000
SDK 902 Mind the Shark	200	160	1.400	120	70	14.000	198.000
SDK 900/1 Seetang	160	130	1.100	90	60	12.000	158.000

Russian Inspirations

The Big Cold

Short Stories

SDK 906	SDM 105	SDK 904/5	SDK 124	SDB 106/7

	DM	SFR	ÖS	US$	GB£	JP¥	LIT
SDK 906 Seetang (US-Version)	160	130	1.100	90	60	12.000	158.000
SDM 105 Tovarisch	100	80	700	60	40	7.000	99.000
SDK 904/5 Klirr	270	220	1.900	160	100	19.000	267.000
SDK 124 Sailor	150	120	1.100	90	50	11.000	148.000
SDB 106/7 Newcomer	140	110	1.000	80	50	10.000	139.000

FALL/WINTER - 1995

The Classics

SDK 903   SDJ 900   SDM 106

	DM	SFR	ÖS	US$	GB£	JP¥	LIT
SDK 903 Flitter Glow	110	90	800	60	40	8.000	109.000
SDJ 900 Fluoscope	110	90	800	60	40	8.000	109.000
SDM 106 Nightlife	100	80	700	60	40	7.000	99.000

The Invisibles

Tech is Cool

Faces

Short Stories

| SDK 908 | SDK 907 | SDJ 102 | SDK 126 | SDN 900 |

	DM	SFR	ÖS	US$	GB£	JP¥	LIT
SDK 908 Frullato	120	90	800	70	40	9.000	119.000
SDK 907 Walk on	120	90	800	70	40	9.000	119.000
SDJ 102 Poulpe	100	80	700	60	40	7.000	99.000
SDK 126 Crème de la Crème	160	120	1.100	90	60	12.000	158.000
SDN 900 Pink Pleasure	130	100	900	80	50	9.000	129.000

FALL/WINTER - 1996

Utopia

Club Special

Rising Sun

Primaries

SDN 120

SDB 108

SDG 108

	DM	SFR	ÖS	US$	GB£	JP¥	LIT
SDN 120 Stripp	110	80	800	60	40	8.000	109.000
SDB 108 Lacquerwear	100	80	700	60	40	7.000	99.000
SDG 108 Tree Top	100	80	700	60	40	7.000	99.000

The Classics

| SDR 100 | SDG 900 | SDK 127 | SDN 902 | SDK 910 |

	DM	SFR	ÖS	US$	GB£	JP¥	LIT
SDR 100 Red Wood	100	80	700	60	40	7.000	99.000
SDG 900 Tsunami	110	80	800	60	40	8.000	109.000
SDK 127 Smile	100	80	700	60	40	7.000	99.000
SDN 902 Sea Spell	130	100	900	80	50	9.000	129.000
SDK 910 Perla Nera	110	80	800	60	40	8.000	109.000

SPRING/SUMMER - 1997

Movimento

Exotica

Ultraqua

| | SDB 109 | SDJ 901 | SDL 100 | SDK 129 A/B | SDM 900 |

	DM	SFR	ÖS	US$	GB£	JP¥	LIT
SDB 109 Washed Out	100	80	700	60	40	7.000	99.000
SDJ 901 Luminosa	160	130	1.100	90	60	12.000	158.000
SDL 100 Altamarea	110	90	800	60	40	8.000	109.000
SDK 129 A/B King of Tides	140	110	1.000	80	50	10.000	139.000
SDM 900 Waving	130	110	900	80	50	9.000	129.000

Primaries

25 Minutes

SDN 903	SDL 900	SDK 130	SDB 111 S/L	SDK 132 A/B

	DM	SFR	ÖS	US$	GB£	JP¥	LIT
SDN 903 Fish Eye	130	110	900	80	50	9.000	129.000
SDL 900 Reef	130	110	900	80	50	9.000	129.000
SDK 130 Orca	110	90	800	60	40	8.000	109.000
SDB 111 S/L Grip it!	110	90	800	60	40	8.000	109.000
SDK 132 A/B Silver Exit	100	80	700	60	40	7.000	99.000

8 Hours and 25 Minutes

| SDS 900 | SDV 900 | SDK 911 A/B | SDK 911 L |

	DM	SFR	ÖS	US$	GB£	JP¥	LIT
SDS 900 Skelet-eau	110	90	800	60	40	8.000	109.000
SDV 900 Jungle	110	90	800	60	40	8.000	109.000
SDK 911 A/B Midnight Bath	130	110	900	80	50	9.000	129.000
SDK 911 L Midnight Bath	130	110	900	80	50	9.000	129.000

SDB 112 SL

SDL 101   SDN 121   SDK 912   SDL 901

	DM	SFR	ÖS	US$	GB£	JP¥	LIT
SDL 101 Yellow Sub	180	150	1.300	110	60	13.000	178.000
SDB 112 SL Waterslide	120	100	800	70	40	9.000	119.000
SDN 121 Hydrocompass	140	110	1.000	80	50	10.000	139.000
SDK 912 Bite the Wave	120	100	800	70	40	9.000	119.000
SDL 901 Aquazone	120	100	800	70	40	9.000	119.000

	SDB 900 AB	SDL 102	SDK 133 AB	SDB 113 SL	SDK 913

	DM	SFR	ÖS	US$	GB£	JP¥	LIT
SDB 900 AB Screenbump	120	100	800	70	40	9.000	119.000
SDL 102 Iceblink	110	90	800	60	40	8.000	109.000
SDK 133 AB Ratrack	110	90	800	60	40	8.000	109.000
SDB 113 SL Dreamwater	110	90	800	60	40	8.000	109.000
SDK 913 Ocean Mess/Life	120	100	800	70	40	9.000	119.000

SDM 901

	DM	SFR	ÖS	US$	GB£	JP¥	LIT
SDM 901 Junktion	120	100	800	70	40	9.000	119.000

SCUBA 200 SPECIAL - 1995

SCUBA 200 SPECIAL

1995

SDZ 101

	DM	SFR	ÖS	US$	GB£	JP¥	LIT
SDZ 101 C Monsta (30.000)	220	180	1.500	130	80	16.000	218.000

SWATCH-AQUA-CHRONO

SBG 100   SBN 100   SBB 100

	DM	SFR	ÖS	US$	GB£	JP¥	LIT
SBG 100 Red Harbour	170	140	1.200	100	60	12.000	168.000
SBN 100 Blue Sky	170	140	1.200	100	60	12.000	168.000
SBB 100 Black Rudder	170	140	1.200	100	60	12.000	168.000

	SBN 101		SBK 100		SBK 101		SBM 100/1		SBK 102/3	

	DM	SFR	ÖS	US$	GB£	JP¥	LIT
SBN 101 Big Blue	170	140	1.200	100	60	12.000	168.000
SBK 100 Silver Moon	160	130	1.100	90	60	12.000	158.000
SBK 101 Sirena	160	130	1.100	90	60	12.000	158.000
SBM 100/1 Waterpower	170	140	1.200	100	60	12.000	168.000
SBK 102/3 Bagnino	170	140	1.200	100	60	12.000	168.000

SBK 104   SBM 102

	DM	SFR	ÖS	US$	GB£	JP¥	LIT
SBK 104 Lillibeth	160	130	1.100	90	60	12.000	158.000
SBM 102 Seppia	170	140	1.200	100	60	12.000	168.000

1995 - SPRING/SUMMER

	SBN 102	SEK 104	SBN 103	SEN 100	SBK 105

	DM	SFR	ÖS	US$	GB£	JP¥	LIT
SBN 102 Cool Water	170	140	1.200	100	60	12.000	168.000
SEK 104 Orange Juice	170	140	1.200	100	60	12.000	168.000
SBN 103 Sea & Sun	220	180	1.500	130	80	16.000	218.000
SEN 100 Slamma Jam	200	160	1.400	120	70	14.000	198.000
SBK 105 Overboard	190	160	1.300	110	70	14.000	188.000

The Classics

Black or White

	SBK 106/7	SEM 100/1	SEK 103		SBM 103		SEB 100/1	

	DM	SFR	ÖS	US$	GB£	JP¥	LIT
SBK 106/7 Point Break	220	180	1.500	130	80	16.000	218.000
SEM 100/1 Golden Rivet	250	210	1.800	150	90	18.000	247.000
SEK 103 American Dream	190	160	1.300	110	70	14.000	188.000
SBM 103 Onda Nera	170	140	1.200	100	60	12.000	168.000
SEB 100/1 Black Jack	170	140	1.200	100	60	12.000	168.000

1995 - FALL/WINTER

The Big Cold

Short Stories

| SBB 101 | SBK 109 | SEL 101 | SBL 100 | SEK 105 |

	DM	SFR	ÖS	US$	GB£	JP¥	LIT
SBB 101 Space Chill	160	130	1.100	90	60	12.000	158.000
SBK 109 Happy Landing	160	130	1.100	90	60	12.000	158.000
SEL 101 Game Over	160	130	1.100	90	60	12.000	158.000
SBL 100 Blue Wings	160	130	1.100	90	60	12.000	158.000
SEK 105 Red Sun	160	130	1.100	90	60	12.000	158.000

SEN 101/2

	DM	SFR	ÖS	US$	GB£	JP¥	LIT
SEN 101/2 Commendatore	170	140	1.200	100	60	12.000	168.000

1996 - SPRING/SUMMER

Tech is Cool

Nat Code

Short Stories

	SEK 107 A/B	SEG 100	SBN 104	SBN 105	SBN 106

	DM	SFR	ÖS	US$	GB£	JP¥	LIT
SEK 107 A/B Space Trip	160	120	1.100	90	60	12.000	158.000
SEG 100 Sun Garden	160	120	1.100	90	60	12.000	158.000
SBN 104 Waterwhirl	160	120	1.100	90	60	12.000	158.000
SBN 105 Fluo Wave	230	150	1.600	140	80	17.000	228.000
SBN 106 El Leon	160	120	1.100	90	60	12.000	158.000

The Classics

Utopia

Primaries

SEK 106	SBN 107	SBM 104	SBB 102	SBK 111

	DM	SFR	ÖS	US$	GB£	JP¥	LIT
SEK 106 Bleu Royale	190	150	1.300	110	70	14.000	188.000
SBN 107 Yucca	170	150	1.200	100	60	12.000	168.000
SBM 104 Control Panel	160	120	1.100	90	60	12.000	158.000
SBB 102 AC Brown	160	120	1.100	90	60	12.000	158.000
SBK 111 Pool Side	170	150	1.200	100	60	12.000	168.000

Asphalt Group

SBM 105 A/B   SBK 112   SBB 103

	DM	SFR	ÖS	US$	GB£	JP¥	LIT
SBM 105 A/B Red Snapper	170	150	1.200	100	60	12.000	168.000
SBK 112 Fluosite	200	150	1.400	120	70	14.000	198.000
SBB 103 Truck Driver	160	120	1.100	90	60	12.000	158.000

Movimento

Silverlite

Ultraqua

The Classics

	SBB 104	SBM 107	SBK 113	SBS 100 A/B	SBM 106

	DM	SFR	ÖS	US$	GB£	JP¥	LIT
SBB 104 Big Red	160	130	1.100	90	60	12.000	158.000
SBM 107 Silver	160	130	1.100	90	60	12.000	158.000
SBK 113 Cartographic	160	130	1.100	90	60	12.000	158.000
SBS 100 A/B Mareggiata	190	160	1.300	110	70	14.000	188.000
SBM 106 Inky Water	160	130	1.100	90	60	12.000	158.000

10 Seconds

| | SBK 114 | SBM 108 | SBB 400 A/B | SBK 117 A/B | SBK 401 A/B |

	DM	SFR	ÖS	US$	GB£	JP¥	LIT
SBK 114 Assault	160	130	1.100	90	60	12.000	158.000
SBM 108 Rivets	160	130	1.100	90	60	12.000	158.000
SBB 400 A/B Deep Silver	160	130	1.100	90	60	12.000	158.000
SBK 117 A/B Blue Ring	160	130	1.100	90	60	12.000	158.000
SBK 401 A/B Fluo in Water	160	130	1.100	90	60	12.000	158.000

SBB 106 S/L	SBM 109	SBM 400	SBB 401	SBN 108 A/B

	DM	SFR	ÖS	US$	GB£	JP¥	LIT
SBB 106 S/L Radar	180	150	1.300	110	60	13.000	178.000
SBM 109 Roughneck	180	150	1.300	110	60	13.000	178.000
SBM 400 Oval	180	150	1.300	110	60	13.000	178.000
SBB 401 Free Dive	180	150	1.300	110	60	13.000	178.000
SBN 108 A/B Balastic	180	150	1.300	110	60	13.000	178.000

| SBN 109 | SBB 402 A/B | SBB 107 | SBN 400 |

	DM	SFR	ÖS	US$	GB£	JP¥	LIT
SBN 109 City Control	180	150	1.300	110	60	13.000	178.000
SBB 402 A/B Ice Diving	180	150	1.300	110	60	13.000	178.000
SBB 107 Stearing Unit	180	150	1.300	110	60	13.000	178.000
SBN 400 Tracking	180	150	1.300	110	60	13.000	178.000

AQUA-CHRONO SPECIAL

Spike Lee - 1998

SBZ 104

	DM	SFR	ÖS	US$	GB£	JP¥	LIT
SBZ 104 Wake Up (20.000)	180	150	1.300	110	60	13.000	178.000

441

1991 - SWATCH-AUTOMATIC

SWATCH-AUTOMATIC

| | SAN 100 | SAN 100 | SAM 100 | SAM 100 |

	DM	SFR	ÖS	US$	GB£	JP¥	LIT
SAN 100 Blue Matic (1. Edition)	150	120	1.100	90	50	11.000	148.000
SAN 100 Blue Matic	130	110	900	80	50	9.000	129.000
SAM 100 Rubin (1. Edition)	150	120	1.100	90	50	11.000	148.000
SAM 100 Rubin	130	110	900	80	50	9.000	129.000

	SAB 100	SAB 100	SAB 100	SAK 102	SAB 101

	DM	SFR	ÖS	US$	GB£	JP¥	LIT
SAB 100 Black Motion (1. Edition)	150	120	1.100	90	50	11.000	148.000
SAB 100 Black Motion	130	110	900	80	50	9.000	129.000
SAB 100 Black Motion	170	140	1.200	100	60	12.000	168.000
SAK 102 Time To Move	140	110	1.000	80	50	10.000	139.000
SAB 101 Fifth Avenue	130	110	900	80	50	9.000	129.000

SAK 100   SAK 101

	DM	SFR	ÖS	US$	GB£	JP¥	LIT
SAK 100 Francois 1er	130	110	900	80	50	9.000	129.000
SAK 101 Red Ahead	140	110	1.000	80	50	10.000	139.000

| SAG 100 | SAK 103 | SAM 400 | SAN 400 | SAN 101 |

	DM	SFR	ÖS	US$	GB£	JP¥	LIT
SAG 100 Gran Via	130	110	900	80	50	9.000	129.000
SAK 103 Montenapoleone	130	110	900	80	50	9.000	129.000
SAM 400 Rappongi	130	110	900	80	50	9.000	129.000
SAN 400 Brick-Ett	130	110	900	80	50	9.000	129.000
SAN 101 Mappamondo	150	120	1.100	90	50	11.000	148.000

445

1993 - SPRING/SUMMER

| | SAK 104 | SAK 400 | SAK 106 | SAN 102 | SAK 109 |

	DM	SFR	ÖS	US$	GB£	JP¥	LIT
SAK 104 Nachtigall	130	110	900	80	50	9.000	129.000
SAK 400 Graue Hütte	140	110	1.000	80	50	10.000	139.000
SAK 106 St. Peter's Gate	150	120	1.100	90	50	11.000	148.000
SAN 102 Bäru	130	110	900	80	50	9.000	129.000
SAK 109 Happy Wheels	140	110	1.000	80	50	10.000	139.000

Dummy	SAK 107/8	SAB 102

	DM	SFR	ÖS	US$	GB£	JP¥	LIT
Dummy Happy Wheels	400	330	2.800	240	140	29.000	396.000
SAK 107/8 Copper Rush	130	110	900	80	50	9.000	129.000
SAB 102 Black Circles	130	110	900	80	50	9.000	129.000

| SAK 112 | SAM 101/2 | SAG 400 | SAK 111 | SAO 100 |

	DM	SFR	ÖS	US$	GB£	JP¥	LIT
SAK 112 Eismeer	130	110	900	80	50	9.000	129.000
SAM 101/2 Marechal	130	110	900	80	50	9.000	129.000
SAG 400 Avenida	130	110	900	80	50	9.000	129.000
SAK 111 Ramarro	130	110	900	80	50	9.000	129.000
SAO 100 Arcimboldo	130	110	900	80	50	9.000	129.000

| Dummy | SAN 103 | SAK 110 | SAP 100 | SAN 104 |

	DM	SFR	ÖS	US$	GB£	JP¥	LIT
Dummy Arcimboldo	160	130	1.100	90	60	12.000	158.000
SAN 103 Abendrot	130	110	900	80	50	9.000	129.000
SAK 110 Ruisseau	140	110	1.000	80	50	10.000	139.000
SAP 100 Girasole	130	110	900	80	50	9.000	129.000
SAN 104 Bresse	130	110	900	80	50	9.000	129.000

| SAK 113/4 | SAM 401/2 | SAN 105 | SAM 104 | SAM 103 |

	DM	SFR	ÖS	US$	GB£	JP¥	LIT
SAK 113/4 Serti Misterieux	190	160	1.300	110	70	14.000	188.000
SAM 401/2 Charms	150	120	1.100	90	50	11.000	148.000
SAN 105 Time & Stripes	130	110	900	80	50	9.000	129.000
SAM 104 Silver Baron	130	110	900	80	50	9.000	129.000
SAM 103 Classic Cheddar	130	110	900	80	50	9.000	129.000

SAK 401   SAG 101

	DM	SFR	ÖS	US$	GB£	JP¥	LIT
SAK 401 Round	150	120	1.100	90	50	11.000	148.000
SAG 101 Grin	130	110	900	80	50	9.000	129.000

451

	SAP 101	SAM 105	SAN 106/7	SAG 401	SAK 117		
	DM	**SFR**	**ÖS**	**US$**	**GB£**	**JP¥**	**LIT**
SAP 101 Chardon	180	150	1.300	110	60	13.000	178.000
SAM 105 Pitti	140	110	1.000	80	50	10.000	139.000
SAN 106/7 May Day	130	110	900	80	50	9.000	129.000
SAG 401 Midsommar Sol	130	110	900	80	50	9.000	129.000
SAK 117 Hidden View	130	110	900	80	50	9.000	129.000

The Classics

Black or White

SAK 115/6	SAM 106	SAK 118	SAN 108	SAB 103

	DM	SFR	ÖS	US$	GB£	JP¥	LIT
SAK 115/6 Golden Sixties	160	130	1.100	90	60	12.000	158.000
SAM 106 Rugby	130	110	900	80	50	9.000	129.000
SAK 118 Eisscholle	130	110	900	80	50	9.000	129.000
SAN 108 Roundabout	130	110	900	80	50	9.000	129.000
SAB 103 Blackboard	130	110	900	80	50	9.000	129.000

1995 - FALL/WINTER

Russian Inspirations

Bijoux Box

Highland Stories

Short Stories

SAK 122

SAK 120/1

SAP 103

SAJ 100

SAG 402

	DM	SFR	ÖS	US$	GB£	JP¥	LIT
SAK 122 Uzor	130	110	900	80	50	9.000	129.000
SAK 120/1 Magic Tool	160	130	1.100	90	60	12.000	158.000
SAP 103 Mc Killop	130	110	900	80	50	9.000	129.000
SAJ 100 Missing	130	110	900	80	50	9.000	129.000
SAG 402 Milchstrasse	160	130	1.100	90	60	12.000	158.000

The Classics

SAK 119   SAB 400

	DM	SFR	ÖS	US$	GB£	JP¥	LIT
SAK 119 12 Edges	140	110	1.000	80	50	10.000	139.000
SAB 400 Lapillo	130	110	900	80	50	9.000	129.000

1996 - SPRING/SUMMER

Ethnosense

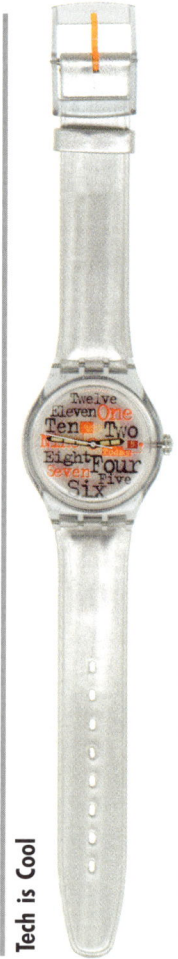

Tech is Cool

Short Stories

	SAK 123	SAN 401	SAG 102	SAK 402	SAM 403

	DM	SFR	ÖS	US$	GB£	JP¥	LIT
SAK 123 Aniak	130	100	900	80	50	9.000	129.000
SAN 401 13th Floor	130	100	900	80	50	9.000	129.000
SAG 102 Alfonso	130	100	900	80	50	9.000	129.000
SAK 402 Terra Cotta	130	100	900	80	50	9.000	129.000
SAM 403 Retrospective	130	100	900	80	50	9.000	129.000

Primaries

Rising Sun

| | SAF 100 A/B | SAB 104 | SAB 105 | SAM 107 | SAG 103 |

	DM	SFR	ÖS	US$	GB£	JP¥	LIT
SAF 100 A/B Nugget	130	100	900	80	50	9.000	129.000
SAB 104 Punching	130	100	900	80	50	9.000	129.000
SAB 105 Imperial Night	130	100	900	80	50	9.000	129.000
SAM 107 Numé-Rotation	130	100	900	80	50	9.000	129.000
SAG 103 Good Fortune	130	100	900	80	50	9.000	129.000

Sparkles

The Classics

SAK 126   SAK 125

	DM	SFR	ÖS	US$	GB£	JP¥	LIT
SAK 126 Divina	130	100	900	80	50	9.000	129.000
SAK 125 Big Ben	130	100	900	80	50	9.000	129.000

Movimento

Time Jockeys

Space Place

Time Jockeys

1/1000 Sec.

SAB 106	SAM 404	SAK 128 A/B	SAK 127	SAK 130

	DM	SFR	ÖS	US$	GB£	JP¥	LIT
SAB 106 Tarsia	130	110	900	80	50	9.000	129.000
SAM 404 Last Week, Next Week	130	110	900	80	50	9.000	129.000
SAK 128 A/B Virtual Silver	130	110	900	80	50	9.000	129.000
SAK 127 Big Drop	130	110	900	80	50	9.000	129.000
SAK 130 Velvet	130	110	900	80	50	9.000	129.000

SAK 129	SAK 131	SAK 132 A/B	SAK 403 A/B

	DM	SFR	ÖS	US$	GB£	JP¥	LIT
SAK 129 Sposa	130	110	900	80	50	9.000	129.000
SAK 131 Circulum	130	110	900	80	50	9.000	129.000
SAK 132 A/B Morning Dew	130	110	900	80	50	9.000	129.000
SAK 403 A/B Gold Box	130	110	900	80	50	9.000	129.000

| STK 400 | STB 400 | STB 401 | STS 400 A/B |

	DM	SFR	ÖS	US$	GB£	JP¥	LIT
STK 400 Oscillatron	150	120	1.100	90	50	11.000	148.000
STB 400 Neutrons	150	120	1.100	90	50	11.000	148.000
STB 401 Electrons	150	120	1.100	90	50	11.000	148.000
STS 400 A/B Atom	150	120	1.100	90	50	11.000	148.000

1993/98 - AUTOMATIC-SPECIAL

AUTOMATIC-SPECIAL

1993

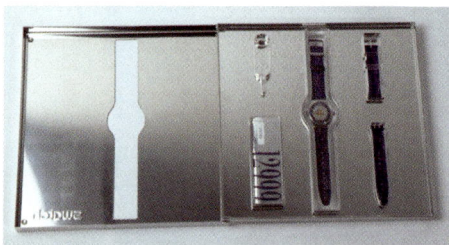

1995

SAZ 101

SAZ 105

	DM	SFR	ÖS	US$	GB£	JP¥	LIT
SAZ 101 Trésor Magique (12.999)	3.670	3.010	25.800	2.170	1.300	265.000	3.631.000
SAZ 105 Perfect Timing (700)	4.600	3.770	32.300	2.710	1.630	332.000	4.551.000

1998

| STZ 100 | STZ 100 | STZ 100 | STZ 100 |

	DM	SFR	ÖS	US$	GB£	JP¥	LIT
STZ 100 Smart	150	120	1.100	90	50	11.000	148.000
STZ 100 Smart	150	120	1.100	90	50	11.000	148.000
STZ 100 Smart	150	120	1.100	90	50	11.000	148.000
STZ 100 Smart	150	120	1.100	90	50	11.000	148.000

SWATCH-MUSICALL

SLB 101   SLM 101   SLK 100

	DM	SFR	ÖS	US$	GB£	JP¥	LIT
SLB 101 Europe in Concert	160	130	1.100	90	60	12.000	158.000
SLM 101 Spartito	110	90	800	60	40	8.000	109.000
SLK 100 Tone in Blue	120	100	800	70	40	9.000	119.000

| SLR 100 | SLJ 100 | SLM 102 | SLJ 101 | SLN 100/1 |

	DM	SFR	ÖS	US$	GB£	JP¥	LIT
SLR 100 Fandango	100	80	700	60	40	7.000	99.000
SLJ 100 Tambour	100	80	700	60	40	7.000	99.000
SLM 102 Sax	120	100	800	70	40	9.000	119.000
SLJ 101 Fagotto	120	100	800	70	40	9.000	119.000
SLN 100/1 Variation	150	120	1.100	90	50	11.000	148.000

| SLK 104 | SLF 100 | SLK 103 | SLG 100/1 |

	DM	SFR	ÖS	US$	GB£	JP¥	LIT
SLK 104 Boogie Mood	150	120	1.100	90	50	11.000	148.000
SLF 100 Brown Piano	120	100	800	70	40	9.000	119.000
SLK 103 Double Rythm	120	100	800	70	40	9.000	119.000
SLG 100/1 Martingala	130	110	900	80	50	9.000	129.000

SLM 103	SLM 104/5	SLG 102	SLN 102/3	SLK 105

	DM	SFR	ÖS	US$	GB£	JP¥	LIT
SLM 103 Ovation	110	90	800	60	40	8.000	109.000
SLM 104/5 Salsa	170	140	1.200	100	60	12.000	168.000
SLG 102 Ring a Bell	110	90	800	60	40	8.000	109.000
SLN 102/3 Black Awake	170	140	1.200	100	60	12.000	168.000
SLK 105 Call up	160	130	1.100	90	60	12.000	158.000

1995 - FALL/WINTER

Highland Stories

Short Stories

SLM 106   SLR 101   SLK 106   SLM 107/8   SLM 109

	DM	SFR	ÖS	US$	GB£	JP¥	LIT
SLM 106 Cantautore	110	90	800	60	40	8.000	109.000
SLR 101 Dudelsack	100	80	700	60	40	7.000	99.000
SLK 106 Funk	130	110	900	80	50	9.000	129.000
SLM 107/8 Refrain	110	90	800	60	40	8.000	109.000
SLM 109 Moderato	110	90	800	60	40	8.000	109.000

Faces

Short Stories

The Classics

SLK 107	SLK 108	SLM 110	SLN 104 A/B	SLK 109

	DM	SFR	ÖS	US$	GB£	JP¥	LIT
SLK 107 Running Time	120	90	800	70	40	9.000	119.000
SLK 108 Funky Town	110	80	800	60	40	8.000	109.000
SLM 110 Jam Session	110	80	800	60	40	8.000	109.000
SLN 104 A/B Take the Rhythm	140	110	1.000	80	50	10.000	139.000
SLK 109 Musica E	110	80	800	60	40	8.000	109.000

Primaries

Asphalt

	SLK 110	SLV 100		SLN 105			

	DM	SFR	ÖS	US$	GB£	JP¥	LIT
SLK 110 Blue Through	130	100	900	80	50	9.000	129.000
SLV 100 Wired	110	80	800	60	40	8.000	109.000
SLN 105 Gimme Five	100	80	700	60	40	7.000	99.000

Time Jockeys

Primaries

SLK 114

SLK 113

SLR 102

	DM	SFR	ÖS	US$	GB£	JP¥	LIT
SLK 114 Time to Cock	120	100	800	70	40	9.000	119.000
SLK 113 Dodecaphonic	110	90	800	60	40	8.000	109.000
SLR 102 Red Rhythm	110	90	800	60	40	8.000	109.000
SLK 112 Classicall	110	90	800	60	40	8.000	109.000
SLK 115 Funk Master	100	80	700	60	40	7.000	99.000

The Classics

3/4

| SLK 112 | SLK 115 | SLK 116 | SLN 106 A/B |

	DM	SFR	ÖS	US$	GB£	JP¥	LIT
SLK 116 Acoustica	110	90	800	60	40	8.000	109.000
SLN 106 A/B Music Race	180	150	1.300	110	60	13.000	178.000

| SLK 118 | SLK 117 | SLM 111 A/B |

	DM	SFR	ÖS	US$	GB£	JP¥	LIT
SLK 118 Jingleme	110	90	800	60	40	8.000	109.000
SLK 117 Blue Vibration	120	100	800	70	40	9.000	119.000
SLM 111 A/B Radio Days	120	100	800	70	40	9.000	119.000

MUSICALL-SPECIAL

Paolo Mendonça - 1995

Nam June Paik - 1996

SLZ 103

SLZ 104

	DM	SFR	ÖS	US$	GB£	JP¥	LIT
SLZ 103 11 P.M. (15.000)	220	180	1.500	130	80	16.000	218.000
SLZ 104 Zapping (30.000)	220	180	1.500	130	80	16.000	218.000

Peter Gabriel - 1997

Candy Dulfer - 1997

SLZ 106

SLZ 107

	DM	SFR	ÖS	US$	GB£	JP¥	LIT
SLZ 106 Adam	140	110	1.000	80	50	10.000	139.000
SLZ 107 Funky Stuff	150	120	1.100	90	50	11.000	148.000

SWATCH-SOLAR-WATCH

Short Stories

SRN 100   SRM 100   SRG 100   SRB 100

	DM	SFR	ÖS	US$	GB£	JP¥	LIT
SRN 100 Happy Blue	120	100	800	70	40	9.000	119.000
SRM 100 Sign of Times	100	80	700	60	40	7.000	99.000
SRG 100 Planetarium	140	110	1.000	80	50	10.000	139.000
SRB 100 Moonshine	100	80	700	60	40	7.000	99.000

SRJ 100   SRK 101   SRM 101/2

	DM	SFR	ÖS	US$	GB£	JP¥	LIT
SRJ 100 Lots of Sun	120	100	800	70	40	9.000	119.000
SRK 101 Gufo	110	90	800	60	40	8.000	109.000
SRM 101/2 Sunscreen	130	110	900	80	50	9.000	129.000

1996 - SPRING/SUMMER

Tech is Cool

Nat Code

Short Stories

Utopia

SRM 103 A/B   SRG 101   SRN 101   SRK 103

	DM	SFR	ÖS	US$	GB£	JP¥	LIT
SRM 103 A/B Sunscratch	140	110	1.000	80	50	10.000	139.000
SRG 101 Recharge	100	80	700	60	40	7.000	99.000
SRN 101 Fuoco	100	80	700	60	40	7.000	99.000
SRK 103 High Temp	110	90	800	60	40	8.000	109.000

World Tour

| SRK 104 C | SRK 104 D | SRK 104 E | SRK 104 F |

	DM	SFR	ÖS	US$	GB£	JP¥	LIT
SRK 104 C Italy (20.000)	110	90	800	60	40	8.000	109.000
SRK 104 D Germany (20.000)	120	100	800	70	40	9.000	119.000
SRK 104 E USA (20.000)	110	90	800	60	40	8.000	109.000
SRK 104 F France (20.000)	110	90	800	60	40	8.000	109.000

1991 - PAGER

SWATCH-PAGER

| | PAT 100 | PAT 101 | PAT 102 | PAT 103 |

	DM	SFR	ÖS	US$	GB£	JP¥	LIT
PAT 100 Secret Service	430	350	3.000	250	150	31.000	425.000
PAT 101 James Choice	430	350	3.000	250	150	31.000	425.000
PAT 102 Secret Service	300	250	2.100	180	110	22.000	297.000
PAT 103 James Choice	300	250	2.100	180	110	22.000	297.000

Ton Beep Up

Numerik Beep Up

PAT 111	PAT 112	PAT 113	PAT 114	PAN 200

	DM	SFR	ÖS	US$	GB£	JP¥	LIT
PAT 111 After Hours	250	210	1.800	150	90	18.000	247.000
PAT 112 Foreign Affair	250	210	1.800	150	90	18.000	247.000
PAT 113 Yellow Ribbon	250	210	1.800	150	90	18.000	247.000
PAT 114 Jushinki	250	210	1.800	150	90	18.000	247.000
PAN 200 Flash Note	250	210	1.800	150	90	18.000	247.000

1993 - NUMERIK BEEP UP

PAN 201   PAN 202   PAN 203   PAN 204

	DM	SFR	ÖS	US$	GB£	JP¥	LIT
PAN 201 Spacing Blue	250	210	1.800	150	90	18.000	247.000
PAN 202 Les Tuileries	250	210	1.800	150	90	18.000	247.000
PAN 203 Moving Times	250	210	1.800	150	90	18.000	247.000
PAN 204 Speaker's Corner	250	210	1.800	150	90	18.000	247.000

Scall

PAN 205   PAN 206/7

	DM	SFR	ÖS	US$	GB£	JP¥	LIT
PAN 205 Turn Around	250	210	1.800	150	90	18.000	247.000
PAN 206/7 Inspiral	250	210	1.800	150	90	18.000	247.000

Scall

PAN 209	PAN 210	PAN 211/2

	DM	SFR	ÖS	US$	GB£	JP¥	LIT
PAN 209 Red Banner	250	210	1.800	150	90	18.000	247.000
PAN 210 Golden Wings	250	210	1.800	150	90	18.000	247.000
PAN 211/2 Brillantine	250	210	1.800	150	90	18.000	247.000

Alphanumerik Beep Up

PAL 301   PAL 300

	DM	SFR	ÖS	US$	GB£	JP¥	LIT
PAL 301 Gossip	250	210	1.800	150	90	18.000	247.000
PAL 300 Latest News	250	210	1.800	150	90	18.000	247.000

SWATCH-IRONY

	YGG 100	YGS 400	YLS 103	YGG 400			

	DM	SFR	ÖS	US$	GB£	JP¥	LIT
YGG 100 Renversé	130	110	900	80	50	9.000	129.000
YGS 400 Happy Joe	130	110	900	80	50	9.000	129.000
YLS 103 Red Amazon	120	100	800	70	40	9.000	119.000
YGG 400 Handsome Prince	120	100	800	70	40	9.000	119.000

| YGG 701 | YLG 101 | YGS 401 | YGS 700 | YGS 103 |

	DM	SFR	ÖS	US$	GB£	JP¥	LIT
YGG 701 Handsome Prince (Dummy)	750	620	5.300	440	270	54.000	742.000
YLG 101 Sleeping Beauty	120	100	800	70	40	9.000	119.000
YGS 401 Backward	130	110	900	80	50	9.000	129.000
YGS 700 Backward (Dummy)	750	620	5.300	440	270	54.000	742.000
YGS 103 Ocean Storm	140	110	1.000	80	50	10.000	139.000

| | YGS 100 | YLG 100 | YGS 402 | YGS 701 | YLG 102 |

	DM	SFR	ÖS	US$	GB£	JP¥	LIT
YGS 100 Red Jack	120	100	800	70	40	9.000	119.000
YLG 100 Greengammon	120	100	800	70	40	9.000	119.000
YGS 402 Crowned Head	120	100	800	70	40	9.000	119.000
YGS 701 Crowned Head (Dummy)	750	620	5.300	440	270	54.000	742.000
YLG 102 Odalisque	150	120	1.100	90	50	11.000	148.000

| YLS 101 | YGS 406 | YGS 702 | YGS 104 | YGG 102 |

	DM	SFR	ÖS	US$	GB£	JP¥	LIT
YLS 101 Spieglein	120	100	800	70	40	9.000	119.000
YGS 406 Slate	120	100	800	70	40	9.000	119.000
YGS 702 Slate (Dummy)	750	620	5.300	440	270	54.000	742.000
YGS 104 Collier	120	100	800	70	40	9.000	119.000
YGG 102 Sangue Blu	120	100	800	70	40	9.000	119.000

	YGS 102	YDS 401	YDS 100	YDS 102 A/B	YDS 400

	DM	SFR	ÖS	US$	GB£	JP¥	LIT
YGS 102 Nespos	120	100	800	70	40	9.000	119.000
YDS 401 Lava Rock	180	150	1.300	110	60	13.000	178.000
YDS 100 Sealights	180	150	1.300	110	60	13.000	178.000
YDS 102 A/B Beach Rider	180	150	1.300	110	60	13.000	178.000
YDS 400 Sablier	180	150	1.300	110	60	13.000	178.000

YDS 101 A/B

	DM	SFR	ÖS	US$	GB£	JP¥	LIT
YDS 101 A/B Green Coral	210	170	1.500	120	70	15.000	208.000

1996 - SPRING/SUMMER

| YGS 1002 | YGS 4002 | YGS 1001 | YGS 4000 | YGS 4001 |

	DM	SFR	ÖS	US$	GB£	JP¥	LIT
YGS 1002 Crew Cut	120	90	800	70	40	9.000	119.000
YGS 4002 Smoking	180	150	1.300	110	60	13.000	178.000
YGS 1001 Preppie	120	90	800	70	40	9.000	119.000
YGS 4000 Promenade	120	90	800	70	40	9.000	119.000
YGS 4001 Irish Weekend	170	150	1.200	100	60	12.000	168.000

| YLG 1003 | YLS 104 A/B | YGS 112 A/B | YGG 702 | YGS 1000 |

	DM	SFR	ÖS	US$	GB£	JP¥	LIT
YLG 1003 Le Grand Soir	120	90	800	70	40	9.000	119.000
YLS 104 A/B Avalanche	120	90	800	70	40	9.000	119.000
YGS 112 A/B Ghiacciolo	120	90	800	70	40	9.000	119.000
YGG 702 Réserve Spéciale	120	90	800	70	40	9.000	119.000
YGS 1000 Nightflight	120	90	800	70	40	9.000	119.000

1996 - SPRING/SUMMER

| YLS 105 | YLS 106 | YLS 1000 | YLS 1001 | YLS 1002 |

	DM	SFR	ÖS	US$	GB£	JP¥	LIT
YLS 105 Piastacchio	140	110	1.000	80	50	10.000	139.000
YLS 106 Mentafredda	160	120	1.100	90	60	12.000	158.000
YLS 1000 Understatement	140	110	1.000	80	50	10.000	139.000
YLS 1001 La Piazza	140	110	1.000	80	50	10.000	139.000
YLS 1002 Magic Mirror	150	120	1.100	90	50	11.000	148.000

YDS 402	YDS 104	YDS 4000	YDS 1000	YCS 101

	DM	SFR	ÖS	US$	GB£	JP¥	LIT
YDS 402 Water Reflex	180	150	1.300	110	60	13.000	178.000
YDS 104 Wind-Jammer	180	150	1.300	110	60	13.000	178.000
YDS 4000 Superblu	210	150	1.500	120	70	15.000	208.000
YDS 1000 Space Ship	180	150	1.300	110	60	13.000	178.000
YCS 101 Vernisage	220	150	1.500	130	80	16.000	218.000

	YCS 102	YCS 103	YCS 1000	YCS 1002	YSG 100

	DM	SFR	ÖS	US$	GB£	JP¥	LIT
YCS 102 Seatrip	220	150	1.500	130	80	16.000	218.000
YCS 103 Richesse Intérieure	220	150	1.500	130	80	16.000	218.000
YCS 1000 High Tail	220	150	1.500	130	80	16.000	218.000
YCS 1002 All Over	220	150	1.500	130	80	16.000	218.000
YSG 100 L'Elue	120	90	800	70	40	9.000	119.000

YSG 101	YSS 100	YGS 706	YGS 705	YGS 1003

	DM	SFR	ÖS	US$	GB£	JP¥	LIT
YSG 101 Quartier Latin	120	90	800	70	40	9.000	119.000
YSS 100 Reverence	130	100	900	80	50	9.000	129.000
YGS 706 Blue Road	120	90	800	70	40	9.000	119.000
YGS 705 Roasted Chestnut	120	90	800	70	40	9.000	119.000
YGS 1003 A/B Perfect 12	120	90	800	70	40	9.000	119.000

YGS 1004	YCS 400 A/B	YCS 1005	YCS 1004	YDS 105

	DM	SFR	ÖS	US$	GB£	JP¥	LIT
YGS 1004 A/B Crazy Alphabet	140	110	1.000	80	50	10.000	139.000
YCS 400 A/B Rough & Rugged	220	150	1.500	130	80	16.000	218.000
YCS 1005 Time Cut	220	150	1.500	130	80	16.000	218.000
YCS 1004 Mengedenga	220	150	1.500	130	80	16.000	218.000
YDS 105 A/B Green Dip	180	150	1.300	110	60	13.000	178.000

YDS 1004

	DM	SFR	ÖS	US$	GB£	JP¥	LIT
YDS 1004 A/B Big Time	180	150	1.300	110	60	13.000	178.000

YGS 407 A/B	YGG 106	YGS 4004	YGS 9000 A/B	YLS 109 A/B

	DM	SFR	ÖS	US$	GB£	JP¥	LIT
YGS 407 A/B Black Orobka	120	100	800	70	40	9.000	119.000
YGG 106 Romanico	120	100	800	70	40	9.000	119.000
YGS 4004 Banquise	120	100	800	70	40	9.000	119.000
YGS 9000 A/B Zebah	150	120	1.100	90	50	11.000	148.000
YLS 109 A/B Tonality	120	100	800	70	40	9.000	119.000

YLS 1004 A/B	YDS 106	YDS 9000 A/B	YCS 401	YCS 401 A/B

	DM	SFR	ÖS	US$	GB£	JP¥	LIT
YLS 1004 A/B Contrast	120	100	800	70	40	9.000	119.000
YDS 106 Profondità	180	150	1.300	110	60	13.000	178.000
YDS 9000 A/B Sea Urchin	180	150	1.300	110	60	13.000	178.000
YCS 401 Secret Agent	220	180	1.500	130	80	16.000	218.000
YCS 401 A/B Secret Agent	220	180	1.500	130	80	16.000	218.000

1997 - SPRING/SUMMER

		DM	SFR	ÖS	US$	GB£	JP¥	LIT
YSG 100 B								
YSS 100 B								
YSG 101 B								
YGS 708								
YGS 708 A/B								

	DM	SFR	ÖS	US$	GB£	JP¥	LIT
YSG 100 B L'Elue	100	80	700	60	40	7.000	99.000
YSS 100 B Reverence	100	80	700	60	40	7.000	99.000
YSG 101 B Quartier Latin	100	80	700	60	40	7.000	99.000
YGS 708 Pergamena	100	80	700	60	40	7.000	99.000
YGS 708 A/B Pergamena	100	80	700	60	40	7.000	99.000

			DM	SFR	ÖS	US$	GB£	JP¥	LIT
YGS 707 A/B	YGS 7000 A/B	YLS 1005				YSS 104 B		YDS 107 A/B	

	DM	SFR	ÖS	US$	GB£	JP¥	LIT
YGS 707 Sommelier	100	80	700	60	40	7.000	99.000
YGS 7000 A/B Space Rider	100	80	700	60	40	7.000	99.000
YLS 1005 Amplitude	100	80	700	60	40	7.000	99.000
YSS 104 B Density	100	80	700	60	40	7.000	99.000
YDS 107 A/B Camouflage	120	100	800	70	40	9.000	119.000

| YDS 1005 | YCS 402 | YCS 402 A/B | YCS 400 | YCS 1006 |

	DM	SFR	ÖS	US$	GB£	JP¥	LIT
YDS 1005 Subversion	120	100	800	70	40	9.000	119.000
YCS 402 Greenalize	180	150	1.300	110	60	13.000	178.000
YCS 402 A/B Greenalize	180	150	1.300	110	60	13.000	178.000
YCS 400 Rough & Rugged	180	150	1.300	110	60	13.000	178.000
YCS 1006 Straight Edge	180	150	1.300	110	60	13.000	178.000

| | | YCS 1006 A/B/C | | YAS 100 | | YAS 100 A/B | | YAS 400 | | YAS 401 |

	DM	SFR	ÖS	US$	GB£	JP¥	LIT
YCS 1006 A/B/C Straight Edge	180	150	1.300	110	60	13.000	178.000
YAS 100 Body and Soul	140	110	1.000	80	50	10.000	139.000
YAS 100 A/B Body and Soul	140	110	1.000	80	50	10.000	139.000
YAS 400 Poisson Rouge	140	110	1.000	80	50	10.000	139.000
YAS 401 Spinnin'	140	110	1.000	80	50	10.000	139.000

505

| | YGS 707 C/D | YGS 407 C/D | YGS 9000 C/D | YCS 402 C/D | YAS 100 C/D |

	DM	SFR	ÖS	US$	GB£	JP¥	LIT
YGS 707 C/D Sommelier (nur/only USA)	180	150	1.300	110	60	13.000	178.000
YGS 407 C/D Black Orobka (nur/only USA)	140	110	1.000	80	50	10.000	139.000
YGS 9000 C/D Sea Urchin (nur/only USA)	140	110	1.000	80	50	10.000	139.000
YCS 402 C/D Greenalize (nur/only USA)	140	110	1.000	80	50	10.000	139.000
YAS 100 C/D Body and Soul	140	110	1.000	80	50	10.000	139.000

	YGS 709 A/B	YGS 710 A/B	YGG 703	YGS 400 G	YGS 410		

	DM	SFR	ÖS	US$	GB£	JP¥	LIT
YGS 709 A/B Innamorato	100	80	700	60	40	7.000	99.000
YGS 710 A/B Oudatchi	100	80	700	60	40	7.000	99.000
YGG 703 Don Felipe	100	80	700	60	40	7.000	99.000
YGS 400 G Happy Joe	100	80	700	60	40	7.000	99.000
YGS 410 Happy Joe Light Blue	100	80	700	60	40	7.000	99.000

		YGS 411		YGS 412		YGS 408		YGS 409		YGS 7001 SML	

	DM	SFR	ÖS	US$	GB£	JP¥	LIT
YGS 411 Happy Joe Grey	100	80	700	60	40	7.000	99.000
YGS 412 Happy Joe Light Grey	100	80	700	60	40	7.000	99.000
YGS 408 Happy Joe Red	100	80	700	60	40	7.000	99.000
YGS 409 Happy Joe Yellow.................................	100	80	700	60	40	7.000	99.000
YGS 7001 SML Hoary	100	80	700	60	40	7.000	99.000

| YGS 7002 | YLS 110 | YLG 111 | YLG 109 | YLG 110 A/B |

	DM	SFR	ÖS	US$	GB£	JP¥	LIT
YGS 7002 Orangin' Zest	100	80	700	60	40	7.000	99.000
YLS 110 Euphoria	100	80	700	60	40	7.000	99.000
YLG 111 Kingdom	100	80	700	60	40	7.000	99.000
YLG 109 Malako	100	80	700	60	40	7.000	99.000
YLG 110 A/B Evensong	100	80	700	60	40	7.000	99.000

YLS 1006 M	YLS 1006	YSG 104	YSG 105	YSS 104

	DM	SFR	ÖS	US$	GB£	JP¥	LIT
YLS 1006 M Parousia	100	80	700	60	40	7.000	99.000
YLS 1006 Parousia	100	80	700	60	40	7.000	99.000
YSG 104 Promesse	100	80	700	60	40	7.000	99.000
YSG 105 Jenaye	100	80	700	60	40	7.000	99.000
YSS 104 Density	100	80	700	60	40	7.000	99.000

| | YSS 108 | YSG 102 | YSG 103 | YCS 400 G | YCS 404 |

	DM	SFR	ÖS	US$	GB£	JP¥	LIT
YSS 108 Serenella	100	80	700	60	40	7.000	99.000
YSG 102 Fauna	100	80	700	60	40	7.000	99.000
YSG 103 Flora	100	80	700	60	40	7.000	99.000
YCS 400 G Rough & Rugged	180	150	1.300	110	60	13.000	178.000
YCS 404 Secret Agent Grey	180	150	1.300	110	60	13.000	178.000

511

| | YCS 403 | YCS 405 | YCS 406 | YCS 4000 SML | YDS 1006 |

	DM	SFR	ÖS	US$	GB£	JP¥	LIT
YCS 403 Secret Agent Light Grey	180	150	1.300	110	60	13.000	178.000
YCS 405 Secret Agent Red	180	150	1.300	110	60	13.000	178.000
YCS 406 Secret Agent Yellow	180	150	1.300	110	60	13.000	178.000
YCS 4000 SML Restless	180	150	1.300	110	60	13.000	178.000
YDS 1006 Hydrospace	140	110	1.000	80	50	10.000	139.000

| YDS 4001 | YDS 4002 | YDS 4003 | YGS 709 M | YGS 708 M |

	DM	SFR	ÖS	US$	GB£	JP¥	LIT
YDS 4001 Vortex	140	110	1.000	80	50	10.000	139.000
YDS 4002 Toutatis	140	110	1.000	80	50	10.000	139.000
YDS 4003 Zampika	140	110	1.000	80	50	10.000	139.000
YGS 709 M Innamorato	100	80	700	60	40	7.000	99.000
YGS 708 M Pergamena	100	80	700	60	40	7.000	99.000

1998 - FALL/WINTER

| YGS 712 | YGS 1006 | YGS 1006 M | YGS 4005 | YGS 9001 |

	DM	SFR	ÖS	US$	GB£	JP¥	LIT
YGS 712 Inertia	100	80	700	60	40	7.000	99.000
YGS 1006 Sabbia	100	80	700	60	40	7.000	99.000
YGS 1006 M Sabbia	100	80	700	60	40	7.000	99.000
YGS 4005 Balise	100	80	700	60	40	7.000	99.000
YGS 9001 Frelon	100	80	700	60	40	7.000	99.000

YLS 111	YLS 111 G	YLS 112 A/B	YLS 1007	YLS 1008

	DM	SFR	ÖS	US$	GB£	JP¥	LIT
YLS 111 Escapade	100	80	700	60	40	7.000	99.000
YLS 111 G Escapade	100	80	700	60	40	7.000	99.000
YLS 112 A/B In-Centric	100	80	700	60	40	7.000	99.000
YLS 1007 On the Dot	100	80	700	60	40	7.000	99.000
YLS 1008 Vento	100	80	700	60	40	7.000	99.000

YLS 1008 M	YSS 109 M	YSG 106	YSG 105 M	YCS 401 G

	DM	SFR	ÖS	US$	GB£	JP¥	LIT
YLS 1008 M Vento	100	80	700	60	40	7.000	99.000
YSS 109 M Libertine	100	80	700	60	40	7.000	99.000
YSG 106 Distinction	100	80	700	60	40	7.000	99.000
YSG 105 M Jenaye	100	80	700	60	40	7.000	99.000
YCS 401 G Secret Agent	180	150	1.300	110	60	13.000	178.000

| YCS 407 G | YCS 408 | YCS 4001 | YCS 4001 M | YCS 1007 |

	DM	SFR	ÖS	US$	GB£	JP¥	LIT
YCS 407 G Secret Agent Silver	180	150	1.300	110	60	13.000	178.000
YCS 408 Wheeling	180	150	1.300	110	60	13.000	178.000
YCS 4001 Adrenaline	180	150	1.300	110	60	13.000	178.000
YCS 4001 M Adrenaline	180	150	1.300	110	60	13.000	178.000
YCS 1007 Time Cut Too	180	150	1.300	110	60	13.000	178.000

1996/97 - IRONY-SPECIAL

IRONY-SPECIAL

Chronometer - 1996

Arnaldo Pomodoro - 1997

YCZ 1000

YGZ 101

	DM	SFR	ÖS	US$	GB£	JP¥	LIT
YCZ 1000 Time Cut (1.500)	1.470	1.210	10.300	870	520	106.000	1.454.000
YGZ 101 Rotor (700)	3.670	3.010	25.800	2.170	1.300	265.000	3.631.000

STOP-SWATCH

SSK 100   SSB 100

	DM	SFR	ÖS	US$	GB£	JP¥	LIT
SSK 100 Coffeebreak	90	70	600	50	30	6.000	89.000
SSB 100 Jess' Rush	90	70	600	50	30	6.000	89.000

1993 - SPRING/SUMMER

| SSK 102 | SSB 101 | SSK 103 | SSK 104 | SSK 105 |

	DM	SFR	ÖS	US$	GB£	JP¥	LIT
SSK 102 Movimento	110	90	800	60	40	8.000	109.000
SSB 101 Nightshift	100	80	700	60	40	7.000	99.000
SSK 103 Orologio	100	80	700	60	40	7.000	99.000
SSK 104 Metal Flash	110	90	800	60	40	8.000	109.000
SSK 105 Andale	110	90	800	60	40	8.000	109.000

SSM 101

	DM	SFR	ÖS	US$	GB£	JP¥	LIT
SSM 101 Black Deco..	110	90	800	60	40	8.000	' 109.000

| SSK 106/7 | SSK 108/9 | SSN 101 | SSM 102 | SSK 110/1 |

	DM	SFR	ÖS	US$	GB£	JP¥	LIT
SSK 106/7 Vitesse	120	100	800	70	40	9.000	119.000
SSK 108/9 Rusher	120	100	800	70	40	9.000	119.000
SSN 101 Time Cup	110	90	800	60	40	8.000	109.000
SSM 102 Yellow Star	120	100	800	70	40	9.000	119.000
SSK 110/1 Green Speed	120	100	800	70	40	9.000	119.000

SSN 103   SSN 102   SSN 104/5

	DM	SFR	ÖS	US$	GB£	JP¥	LIT
SSN 103 Esperydes	110	90	800	60	40	8.000	109.000
SSN 102 Très Vite	120	100	800	70	40	9.000	119.000
SSN 104/5 Double Run	140	110	1.000	80	50	10.000	139.000

SWATCH-ACCESS

| SKK 101 | SKK 100 | SKK 102 | SKK 103 |

	DM	SFR	ÖS	US$	GB£	JPY	LIT
SKK 101 Go Big	120	100	800	70	40	9.000	119.000
SKK 100 Freeride	100	80	700	60	40	7.000	99.000
SKK 102 Direction	90	70	600	50	30	6.000	89.000
SKK 103 Clearance	130	110	900	80	50	9.000	129.000

SKR 100

	DM	SFR	ÖS	US$	GB£	JP¥	LIT
SKR 100 Drop Out	90	70	600	50	30	6.000	89.000

Access to Salzburg

SKK 104

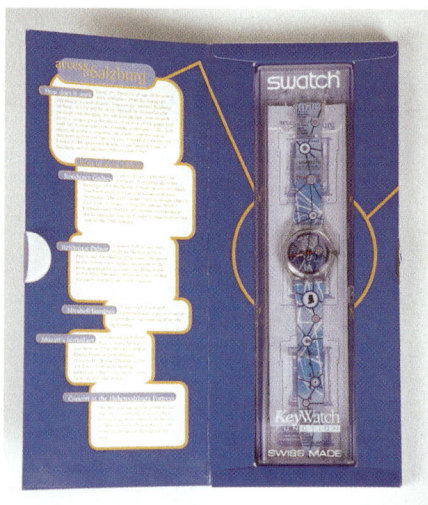

	DM	SFR	ÖS	US$	GB£	JP¥	LIT
SKK 104 Salzburg	130	110	900	80	50	9.000	129.000

3 Seconds

| SKK 105 | SKK 106 | SKB 100 | SKM 100 A/B | SHB 100 S/L |

	DM	SFR	ÖS	US$	GB£	JP¥	LIT
SKK 105 Comin' thru	90	70	600	50	30	6.000	89.000
SKK 106 Magic Show	90	70	600	50	30	6.000	89.000
SKB 100 Double Loop	100	80	700	60	40	7.000	99.000
SKM 100 A/B Prospector	90	70	600	50	30	6.000	89.000
SHB 100 S/L Palmer	120	100	800	70	40	9.000	119.000

| SKK 109 | SKO 100 | PKB 101 | SHB 101 | SKK 110 |

	DM	SFR	ÖS	US$	GB£	JP¥	LIT
SKK 109 AB Ice-Pic	90	70	600	50	30	6.000	89.000
SKO 100 SL Ski Patrol	90	70	600	50	30	6.000	89.000
PKB 101 SL Snow-Bump	90	70	600	50	30	6.000	89.000
SHB 101 SL Goodwill Games	120	100	800	70	40	9.000	119.000
SKK 110 SL Ponentino	90	70	600	50	30	6.000	89.000

SKK 107   SKK108   SHN 101   SHB 102

	DM	SFR	ÖS	US$	GB£	JP¥	LIT
SKK 107 SL Glorious Runner	150	120	1.100	90	50	11.000	148.000
SKK 108 SL Commonwealth	90	70	600	50	30	6.000	89.000
SHN 101 Peter Bauer Freeride	120	100	800	70	40	9.000	119.000
SHB 102 Swiss Ski Team	120	100	800	70	40	9.000	119.000

1996/98 - ACCESS-SPECIAL

ACCESS-SPECIAL

Space - 1996

Access to the World of Swatch - 1996

Cannes - 1997

| | | SKZ 100 | SKZ 101 | SKZ 102 | SKZ 105 |

	DM	SFR	ÖS	US$	GB£	JP¥	LIT
SKZ 100 Access to Space STS 75 (1.100)	800	660	5.600	470	280	58.000	792.000
SKZ 101 Photograph	1.200	980	8.400	710	430	87.000	1.187.000
SKZ 102 Journalist	1.200	980	8.400	710	430	87.000	1.187.000
SKZ 105 The Fifth Element (850)	860	710	6.000	510	310	62.000	851.000

530

Juvecentus 100 - 1997

SKZ 106

Access to Thessalonike - 1997

SKZ 107

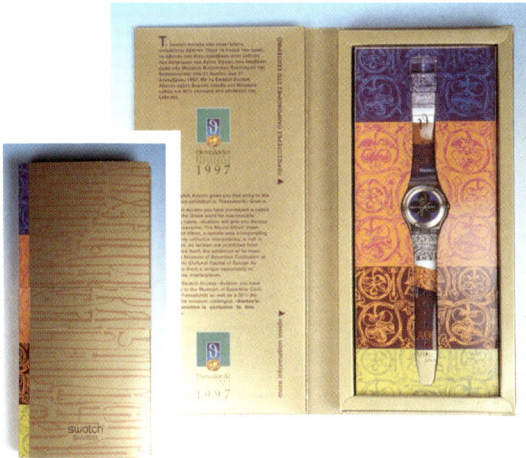

	DM	SFR	ÖS	US$	GB£	JP¥	LIT
SKZ 106 Ora et Signora	100	80	700	60	40	7.000	99.000
SKZ 107 Avaton	110	90	800	60	40	8.000	109.000

1996/98 - ACCESS-SPECIAL

Club MED - 1997

Cannes - 1997

3-6 September 1997

Salzburg - 25 July-31 August 1997

SKZ 108

SKZ 111

SKZ 112

SKK 104 C

	DM	SFR	ÖS	US$	GB£	JP¥	LIT
SKZ 103 ? Access to Otranto	280	230	2.000	170	100	20.000	277.000
SKZ 111 The Fifth Element	350	290	2.500	210	120	25.000	346.000
SKZ 112 106th IOC Session (400)	1.000	820	7.000	590	360	72.000	989.000
SKK 104 C Sound of Salzburg	250	210	1.800	150	90	18.000	247.000

Portugal - Expo 1998

Amsterdam - November 1997

February 1997

SKL 100

SKK 106

SKK 103 F

	DM	SFR	ÖS	US$	GB£	JP¥	LIT
SKL 100 Adamastor	100	80	700	60	40	7.000	99.000
SKK 106 Magic Show Kalvertoren (1.000)	250	210	1.800	150	90	18.000	247.000
SKZ 103 F Bay Swatch (1.500)	300	250	2.100	180	110	22.000	297.000
SKZ 103 L One on One (350) (No photo)	600	490	4.200	350	210	43.000	594.000

533

1996/98 - ACCESS-SPECIAL

Otranto - 28+29 June 1997

SKK 103 ?

100th Anniversary Soccer League Italy 1998

SKZ 119

1998

SKK 103 ?

	DM	SFR	ÖS	US$	GB£	JP¥	LIT
SKK 103 ? Swatch City (800) 800		660	5.600	470	280	58.000	792.000
SKZ 119 Magic Blue 250		210	1.800	150	90	18.000	247.000
SKK 103 ? Zurich Financial Services 250		210	1.800	150	90	18.000	247.000

SWATCH-SKIN

| | SFB 100 | SFN 100 | SFB 101 | SFB 102 |

	DM	SFR	ÖS	US$	GB£	JP¥	LIT
SFB 100 Black Out Two	140	110	1.000	80	50	10.000	139.000
SFN 100 Monoblue	140	110	1.000	80	50	10.000	139.000
SFB 101 Pure Line	140	110	1.000	80	50	10.000	139.000
SFB 102 Rosso Corsa	140	110	1.000	80	50	10.000	139.000

SFN 101

	DM	SFR	ÖS	US$	GB£	JP¥	LIT
SFN 101 Amarillo...	140	110	1.000	80	50	10.000	139.000

SFB 104	SFB 103	SFC 100	SFN 102	SFK 100

	DM	SFR	ÖS	US$	GB£	JP¥	LIT
SFB 104 Flattery	140	110	1.000	80	50	10.000	139.000
SFB 103 Filigrano	140	110	1.000	80	50	10.000	139.000
SFC 100 Desertic	140	110	1.000	80	50	10.000	139.000
SFN 102 Thinsider	140	110	1.000	80	50	10.000	139.000
SFK 100 Jelly Skin	140	110	1.000	80	50	10.000	139.000

1998 - SKIN-SPECIAL

SKIN-SPECIAL

1998

SFZ 101

	DM	SFR	ÖS	US$	GB£	JP¥	LIT
SFZ 101 Nuit Etoilée (9.999)	700	570	4.900	410	250	50.000	693.000

| GS 101 | GM 101 | GR 401 | GB 403 |

| GW 104 | GJ 700 | LS 102 | GM 701 |

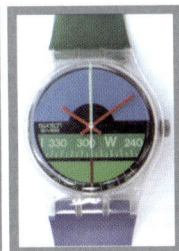

| GA 102 | GK 102 | LP 100 | LW 111 |

MAXI - SWATCH

	DM	SFR	ÖS	US$	GB£	JP¥	LIT
GS 101 12 Flags	2.250	1.850	15.800	1.330	800	162.000	2.226.000
GM 101 Pirelli	2.750	2.260	19.300	1.620	980	198.000	2.721.000
GR 401 Compu-Tech	1.800	1.480	12.700	1.060	640	130.000	1.781.000
GB 403 Chrono-Tech	1.500	1.230	10.500	890	530	108.000	1.484.000
GW 104 Dotted Swiss	1.250	1.030	8.800	740	440	90.000	1.237.000
GJ 700 Yamaha Racer	1.450	1.190	10.200	860	510	105.000	1.435.000
LS 102 Tri-Color Racer	1.450	1.190	10.200	860	510	105.000	1.435.000
GM 701 Calypso Diver	1.650	1.350	11.600	970	590	119.000	1.633.000
GA 102 Pinstripe	830	680	5.800	490	290	60.000	821.000
GK 102 Nautilus	630	520	4.400	370	220	45.000	623.000
LP 100 Pink Flamingo	1.050	860	7.400	620	370	76.000	1.039.000
LW 111 Vasily	210	170	1.500	120	70	15.000	208.000

| GS 400 | LR 106 | GA 400 | GB 107 | GB 111 |

| LP 102 | GB 707 | LR 107 | GB 114 | GB 117 |

| GB 116 | LL 102 | LW 116 | LW 121 | GK 112 |

	DM	SFR	ÖS	US$	GB£	JP¥	LIT
GS 400 Rotor	900	740	6.300	530	320	65.000	890.000
LR 106 Radar	900	740	6.300	530	320	65.000	890.000
GA 400 Ritz	850	700	6.000	500	300	61.000	841.000
GB 107 Mezza Luna	1.000	820	7.000	590	360	72.000	989.000
GB 111 Sir Swatch	630	520	4.400	370	220	45.000	623.000
LP 102 Kir Royal	1.000	820	7.000	590	360	72.000	989.000
GB 707 Navigator	630	520	4.400	370	220	45.000	623.000
LR 107 Blue Racer	450	370	3.200	270	160	32.000	445.000
GB 114 Vulcano	550	450	3.900	320	200	40.000	544.000
GB 117 Nine to Six	550	450	3.900	320	200	40.000	544.000
GB 116 Mackintosh	780	640	5.500	460	280	56.000	772.000
LL 102 Pink Cassata	550	450	3.900	320	200	40.000	544.000
LW 116 Nikolai	780	640	5.500	460	280	56.000	772.000
LW 121 Red Wave	400	330	2.800	240	140	29.000	396.000
GK 112 Speedweek	400	330	2.800	240	140	29.000	396.000

| LG 104 | GX 702 | GX 100 | GB 124 | GK 115 |

| GB 128 | LN 106 | LJ 103 | GM 106 | GG 110 |

| GG 113 | GK 141 | GN 118 | GR 112 | GM 108 |

	DM	SFR	ÖS	US$	GB£	JP¥	LIT
LG 104 Hot Racer	400	330	2.800	240	140	29.000	396.000
GX 702 Black Hawk	350	290	2.500	210	120	25.000	346.000
GX 100 Heartstone	430	350	3.000	250	150	31.000	425.000
GB 124 Harajuku	1.000	820	7.000	590	360	72.000	989.000
GK 115 Bondi Diver	330	270	2.300	190	120	24.000	327.000
GB 128 Eclipses	800	660	5.600	470	280	58.000	792.000
LN 106 Pink Hurrycane	430	350	3.000	250	150	31.000	425.000
LJ 103 Neutrino	300	250	2.100	180	110	22.000	297.000
GM 106 Mark	380	310	2.700	220	130	27.000	376.000
GG 110 Franco	350	290	2.500	210	120	25.000	346.000
GG 113 Stalefish	250	210	1.800	150	90	18.000	247.000
GK 141 Discobolus	250	210	1.800	150	90	18.000	247.000
GN 118 Hookipa	330	270	2.300	190	120	24.000	327.000
GR 112 Chicchirichi	330	270	2.300	190	120	24.000	327.000
GM 108 Nüni	280	230	2.000	170	100	20.000	277.000

GG 118

GB 149

GP 105

GN 127

GR 114

GG 121

GN 134

GK 169

SLB 101

MGZ 001

GR 119

GR 118

GM 704

GK 179

GR 121

	DM	SFR	ÖS	US$	GB£	JP¥	LIT
GG 118 Yuri	300	250	2.100	180	110	22.000	297.000
GB 149 Glance	280	230	2.000	170	100	20.000	277.000
GP 105 Masquerade	250	210	1.800	150	90	18.000	247.000
GN 127 Postcard	230	190	1.600	140	80	17.000	228.000
GR 114 Fritto Misto	280	230	2.000	170	100	20.000	277.000
GG 121 Cappuccino	280	230	2.000	170	100	20.000	277.000
GN 134 Space People	430	350	3.000	250	150	31.000	425.000
GK 169 Perspective	250	210	1.800	150	90	18.000	247.000
SLB 101 Europe in Concert	4.500	3.690	31.600	2.660	1.600	325.000	4.452.000
Folon 4	650	530	4.600	380	230	47.000	643.000
GR 119 Floral Story	280	230	2.000	170	100	20.000	277.000
GR 118 Bark Bark	250	210	1.800	150	90	18.000	247.000
GM 704 Sky Heroes	250	210	1.800	150	90	18.000	247.000
GK 179 Azimut	450	370	3.200	270	160	32.000	445.000
GR 121 Monster Time	300	250	2.100	180	110	22.000	297.000

GZ 134

GZ 139

GN 150

GG 135

GK 192

GB 164

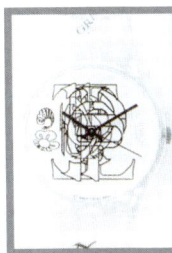
GK 208

GZ 142

GZ 141

GZ 143

SLZ 103

SCZ 103

GN 156

GS 105

GN 163

	DM	SFR	ÖS	US$	GB£	JP¥	LIT
GZ 134 St. Moriz 1928	350	290	2.500	210	120	25.000	346.000
GZ 139 Atlanta 1996	330	270	2.300	190	120	24.000	327.000
GN 150 Black Sheep	630	520	4.400	370	220	45.000	623.000
GG 135 Green Dragon	230	190	1.600	140	80	17.000	228.000
GK 192 Brouillon	250	210	1.800	150	90	18.000	247.000
GB 164 Black Globe	230	190	1.600	140	80	17.000	228.000
GK 208 Graphikers	780	640	5.500	460	280	56.000	772.000
GZ 142 Despiste	1.350	1.110	9.500	800	480	97.000	1.336.000
GZ 141 Eiga-Shi	1.350	1.110	9.500	800	480	97.000	1.336.000
GZ 143 Time to Reflect	1.350	1.110	9.500	800	480	97.000	1.336.000
SLZ 103 11 P.M.	1.500	1.230	10.500	890	530	108.000	1.484.000
SCZ 103 Unlimited	870	710	6.100	510	310	63.000	861.000
GN 156 Good Morning	250	210	1.800	150	90	18.000	247.000
GS 105 Lucky Shadow	240	200	1.700	140	90	17.000	237.000
GN 163 Boxing	220	180	1.500	130	80	16.000	218.000

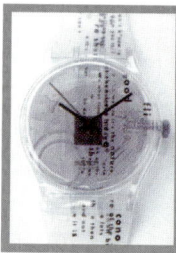

| GB 176 | GK 221 | GK 224 | GK 242 | GK 245 |

| GK 903 | GK 237 | GK 260 | GB 181 | GJ 120 |

| GR 134 | GS 106 | GK 254 | GB 183 | SKK 104 |

	DM	SFR	ÖS	US$	GB£	JP¥	LIT
GB 176 Don't	180	150	1.300	110	60	13.000	178.000
GK 221 Phonescan	200	160	1.400	120	70	14.000	198.000
GK 224 Caution	180	150	1.300	110	60	13.000	178.000
GK 242 Chlorine	230	190	1.600	140	80	17.000	228.000
GK 245 Cactus	180	150	1.300	110	60	13.000	178.000
GK 903 Signalite	180	150	1.300	110	60	13.000	178.000
GK 237 Pounding Heart	2.000	1.640	14.100	1.180	710	144.000	1.979.000
GK 260 The Fifth Element	250	210	1.800	150	90	18.000	247.000
GB 181 Sueño Mandrileño	300	250	2.100	180	110	22.000	297.000
GJ 120 Passage to Brooklyn	190	160	1.300	110	70	14.000	188.000
GR 134 Champs de Zuri	2.000	1.640	14.100	1.180	710	144.000	1.979.000
GS 106 London Club (Keine / No Bands)	1.200	980	8.400	710	430	87.000	1.187.000
GK 254 Small in Big	180	150	1.300	110	60	13.000	178.000
GB 183 Overtime	180	150	1.300	110	60	13.000	178.000
SKK 104 Salzburg	4.500	3.690	31.600	2.660	1.600	325.000	4.452.000

SKZ 106

GZ 153

SKL 100

GK 726

GK 269

GN 176

GK 277

GK 280

GG 175

SKR 100

SKK 107

	DM	SFR	ÖS	US$	GB£	JP¥	LIT
SKZ 106 Ora et Signora	250	210	1.800	150	90	18.000	247.000
GZ 153 Rund um die Uhr	1.750	1.440	12.300	1.030	620	126.000	1.731.000
SKL 100 Adamastor	250	210	1.800	150	90	18.000	247.000
GK 726 Calendarium	200	160	1.400	120	70	14.000	198.000
GK 269 Dia Animado	250	210	1.800	150	90	18.000	247.000
GN 176 Love Bite	250	210	1.800	150	90	18.000	247.000
GK 277 Avantage	200	160	1.400	120	70	14.000	198.000
GK 280 Agatic Agatac	200	160	1.400	120	70	14.000	198.000
GG 175 Alien Baby	200	160	1.400	120	70	14.000	198.000
SKR 100 Drop Out	2.000	1.640	14.100	1.180	710	144.000	1.979.000
SKK 107 Glorious Runner	800	660	5.600	470	280	58.000	792.000

Scuba Dose/Can (1)

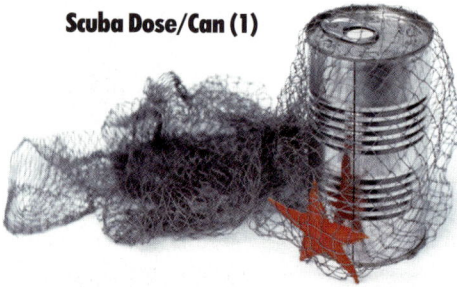

Scuba Dose/Can (2)

Electa-Set

Lady Gift Set

GX 111

	DM	SFR	ÖS	US$	GB£	JP¥	LIT
"Scuba-Dose/Can" (1)	400	330	2.800	240	140	29.000	396.000
(1990 Italy) (1.000) (SDB 100/SDK 100/SDK 101/SDN 400)							
"Scuba-Can" (2)	250	210	1.770	170	70	18.320	253.000
(1990 Italy) (SDB 100/SDK 103/SDK 102)							
SAB 100 - "Electra-Set"	400	330	2.800	240	140	29.000	396.000
(1991 Italy)							
Lady Gift Set	550	450	3.900	320	200	40.000	544.000
(1987 USA)							
Gent Gift Set	550	450	3.900	320	200	40.000	544.000
(1987 USA) (Ohne Bild / No picture)							
GX 111 Chic-on - "Azzali"	800	660	5.600	470	280	58.000	792.000
(1990 Italy) (999)							

PWK 168

GG 118

SAK 102

GX 126

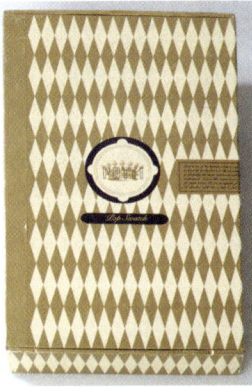

GP 105 (1)

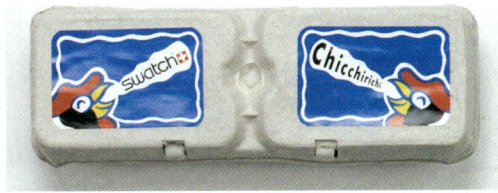

GR 112

	DM	SFR	ÖS	US$	GB£	JP¥	LIT
PWK 168 Putti (1992 USA)	400	330	2.800	240	140	29.000	396.000
SAK 102 Time To Move (1992 USA)	250	210	1.800	150	90	18.000	247.000
GG 118 "Yuri in Rocket" (1992 USA)	180	150	1.300	110	60	13.000	178.000
GP 105 (1) Masquerade - "Party Zitelle" (20 Feb.1993 Italy) (1.500)	250	210	1.800	150	90	18.000	247.000
GX 126 Voie Humaine (1993 Germany) (2.222)	160	130	1.100	90	60	12.000	158.000
GR 112 Chicchirichi (1992 USA)	200	160	1.400	120	70	14.000	198.000

GG 123/LP 114 (1)

GN 125

GG 123/LP 114 (2)

GP 105 (2)

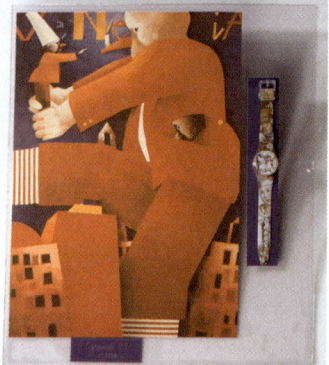

Swatch-Bible

GP 105 (3)

	DM	SFR	ÖS	US$	GB£	JP¥	LIT
GN 125 Crazy Eight - "Frisbee" (1993 Japan)	350	290	2.500	210	120	25.000	346.000
GP 105 (2) Masquerade - "The Fan" (1993 USA)	130	110	900	80	50	9.000	129.000
GP 105 (3) Masquerade - "Carnevale" (1993 Venedig / Italy) (5.000)	250	210	1.800	150	90	18.000	247.000
GG 123/LP 114 (1) - "Boston Story Book" (1993 USA)	250	210	1.800	150	90	18.000	247.000
GG123/LP114 (2) -"Singapore Story Book" (1993 Singapore)	450	370	3.200	270	160	32.000	445.000
"Swatch-Bible" (1993 Japan) (1.000)	1.200	980	8.400	710	430	87.000	1.187.000

GG 121

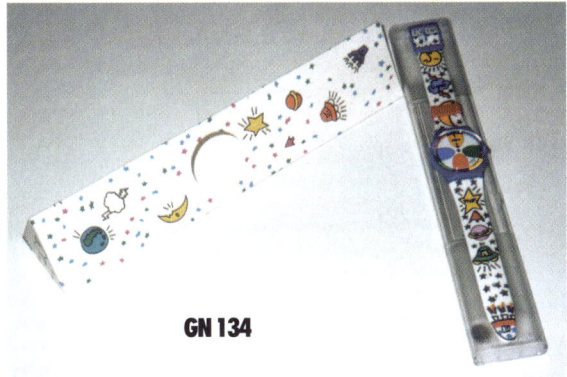

GN 134

GN 134/PWK 190

Messages

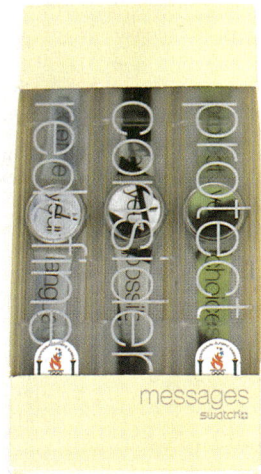

PWK 168

	DM	SFR	ÖS	US$	GB£	JP¥	LIT
GG 121 Cappuccino (1993 USA)	400	330	2.800	240	140	29.000	396.000
GN 134 Space People (1993 Hong Kong)	250	210	1.800	150	90	18.000	247.000
PWK 168 Putti - "Passport 92" (1992 USA)	500	410	3.500	300	180	36.000	495.000
GN 134/PWK 190 - "Passport 93" (1993 USA - ETAF Elisabeth Taylor Aids Foundation) (Beyond Boundaries)	350	290	2.500	210	120	25.000	346.000
Messages - "Passport 96" (1996 USA) (1.000)	280	230	2.000	170	100	20.000	277.000

PWK 180

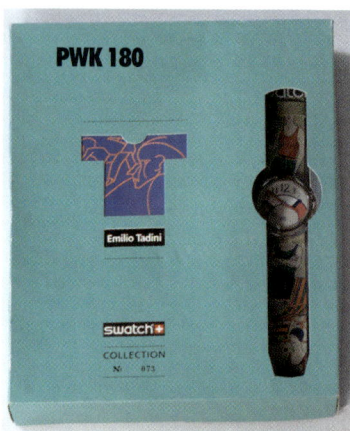
PWK 180

GR 114

PWK 181

SDK 107

	DM	SFR	ÖS	US$	GB£	JP¥	LIT
PWK 180 The Life Saver (1993 Italy - Swatch-Cruise) (100)	800	660	5.600	470	280	58.000	792.000
PWK 180 The Life Saver + T-Shirt (1993 Italy - Swatch-Cruise) (100)	850	700	6.000	500	300	61.000	841.000
GR 114 Fritto Misto (1993 Italy - Swatch-Cruise) (100)	1.500	1.230	10.500	890	530	108.000	1.484.000
PWK 181 Langoustine (1993 Italy - Swatch-Cruise) (100)	1.500	1.230	10.500	890	530	108.000	1.484.000
SDK 107 Blue Ice (1993 Italy - Swatch-Cruise) (100)	2.000	1.640	14.100	1.180	710	144.000	1.979.000

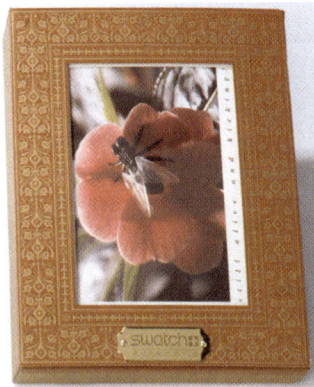

SAG 100

SLB 101

SDG 100

Piano-Box

SDN 110

	DM	SFR	ÖS	US$	GB£	JP¥	LIT
SAG 100 Gran Via (1993 Sweden)	550	450	3.900	320	200	40.000	544.000
SLB 101 Europe in Concert (1993 - Jean Michel Jarre Swatch Club Special)	250	210	1.800	150	90	18.000	247.000
SDN 110 Pacific Beach (Summer 1994 Germany - Bodensee-Event) (1.000)	1.100	900	7.700	650	390	79.000	1.088.000
SDG 100 Sailor's Joy (1993 Germany) (4.444)	130	110	900	80	50	9.000	129.000
SLK 100 / SLM 101 - " Piano Box" (1993 Japan) (500)	1.200	980	8.400	710	430	87.000	1.187.000

Le Walk

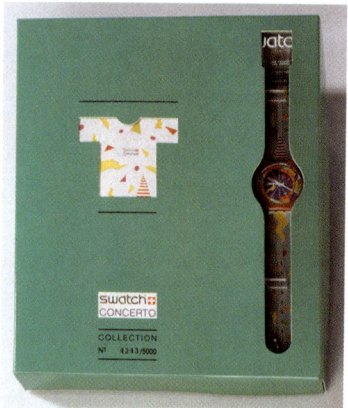

SLR 100

Aquachrono

SLK 104

	DM	SFR	ÖS	US$	GB£	JP¥	LIT
SSK 104 oder/or SSK 105 - "Le Walk" (12 Feb. 1994 Great Britain, France) (3.100)	320	260	2.200	190	110	23.000	317.000
SLR 100 Fandango (1994 Italy) (5.000)	300	250	2.100	180	110	22.000	297.000
SLK 104 Boogie Mood (1.994) (July, August 1994 Singapore)	450	370	3.200	270	160	32.000	445.000
Aquachrono (1994 Italy, USA)	340	280	2.400	200	120	25.000	336.000

GV 107

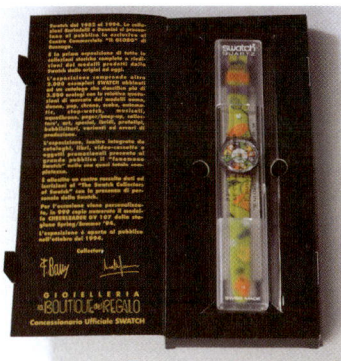

GR 119

GN 135

GZ 129 (1)

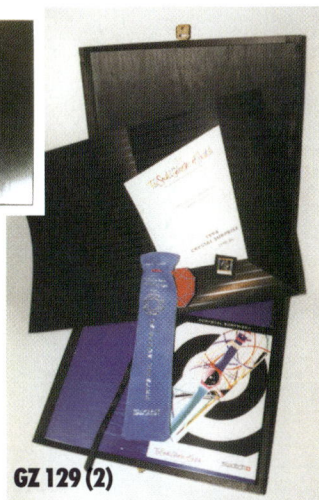

GZ 129 (2)

GN 138

	DM	SFR	ÖS	US$	GB£	JP¥	LIT
GV 107 Cheerleader (1994 Italy)	250	210	1.800	150	90	18.000	247.000
GN 135 Cathedral (1994 Japan)	350	290	2.500	210	120	25.000	346.000
GN 138 The Lake (1994 Japan)	370	300	2.600	220	130	27.000	366.000
GR 119 Floral Story (1994 Japan)	350	290	2.500	210	120	25.000	346.000
GZ 129 (1) Crystal Surprise (1994 Italy - Swatch Collectors of Swatch)	190	160	1.300	110	70	14.000	188.000
GZ 129 (2) Crystal Surprise (1994 France - Swatch Collectors of Swatch)	360	300	2.500	210	130	26.000	356.000

SCN 109

SCK 400

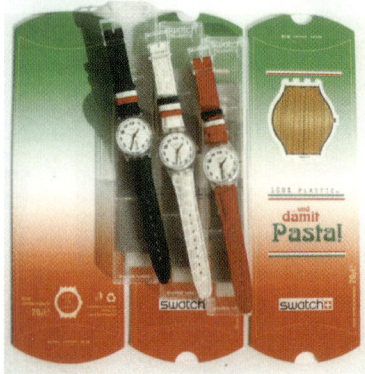
GK 711

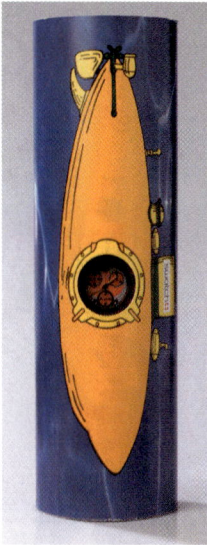
SBN 101

GN 150

	DM	SFR	ÖS	US$	GB£	JP¥	LIT
SCN 109 Fury (1994 Italy) (700)	900	740	6.300	530	320	65.000	890.000
GN 150 Black Sheep (1995 Taiwan) (2.999)	900	740	6.300	530	320	65.000	890.000
SCK 400 Whipped Cream (6 May 1994 Italy - 100 Years Cinema) (2.000)	340	280	2.400	200	120	25.000	336.000
SBN 101 Big Blue (1994 Italy, USA)	200	160	1.400	120	70	14.000	198.000
GK 711 Tutto Tondo-"... und damit Pasta" (1994 Germany)	750	620	5.300	440	270	54.000	742.000

GB 158+GB 159 (1)

GG 129

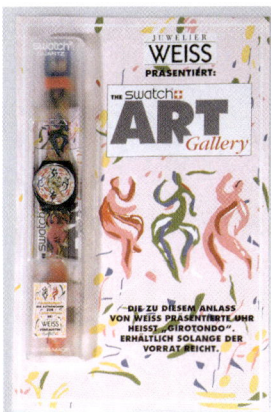

GB 158+GB 159 (2)

GR 127 (1)

SAN 108

	DM	SFR	ÖS	US$	GB£	JP¥	LIT
GG 129 Girotondo (1994 Germany)	350	290	2.500	210	120	25.000	346.000
GB 158+GB 159 (1) - "Ravage Set" (1994 France, USA)	220	180	1.500	130	80	16.000	218.000
GB 158+GB 159 (2) (1994 Italy) (1.000)	300	250	2.100	180	110	22.000	297.000
GR 127 (1) For your Heart only (St. Valentine's Day 1995 Germany)	400	330	2.800	240	140	29.000	396.000
SAN 108 Roundabout-"Columbia University" (1995 USA) (1.000)	350	290	2.500	210	120	25.000	346.000

GR 127 (2)

GR 127 (3)

GR 125

GR 127 (4)

GG 134

	DM	SFR	ÖS	US$	GB£	JP¥	LIT
GR 127 (2) For your Heart only (St. Valentine's Day 1995)	180	150	1.300	110	60	13.000	178.000
GR 127 (3) For your Heart only (St. Valentine's Day 1995 Hong Kong, Malaysia)	750	620	5.300	440	270	54.000	742.000
GR 127 (4) For your Heart only (St. Valentine's Day 1995 Singapore)	750	620	5.300	440	270	54.000	742.000
GG 134 Rapp-er - "Pizzabox" (500) (19-21 May 1995 USA-New York)	320	260	2.200	190	110	23.000	317.000
GR 125/6 Curry Powder - "Big Apple" (19-21 May 1995 USA-New York) (350)	800	660	5.600	470	280	58.000	792.000

SLM 104/105

SDK 902

YGS 400

GZ 146

GK 208

	DM	SFR	ÖS	US$	GB£	JP¥	LIT
SLM 104/5 Salsa	500	410	3.500	300	180	36.000	495.000
(4 March 1995 Germany - Stomp Event) (500)							
SDK 902 Mind the Shark	280	230	2.000	170	100	20.000	277.000
(4 March 1995 Germany - Stomp Event) (1.000)							
GZ 146 Point of View + T-Shirt	370	300	2.600	220	130	27.000	366.000
(4 March 1995 Germany - Stomp Event)							
YGS 400 Happy Joe	850	700	6.000	500	300	61.000	841.000
(4 March 1995 Germany - Stomp Event) (520)							
GK 208 Graphikers	450	370	3.200	270	160	32.000	445.000
(1995 Japan) (2.000)							

GJ 114

SDK 902

GK 193

GK 206

GK 202

	DM	SFR	ÖS	US$	GB£	JP¥	LIT
GK 202 Frozen Tears (Christmas 1995 Japan)	350	290	2.500	210	120	25.000	346.000
GK 193 Oongawah! (1995 Holland)	250	210	1.800	150	90	18.000	247.000
GK 206 Vive la Paix-"Holland Art Gallery" (September 1995 Holland) (125)	4.200	3.440	29.500	2.480	1.490	303.000	4.156.000
GJ 114 Lylium "Mother's Day" (1995 Italien)	220	180	1.500	130	80	16.000	218.000
SDK 902 Mind the shark (1995)	220	180	1.500	130	80	16.000	218.000

SLM 104/105

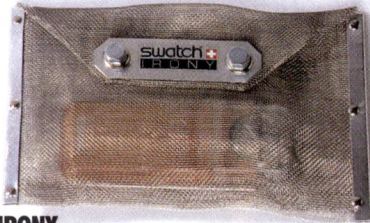

IRONY

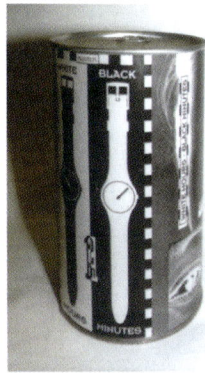

GB 162/GW 116 (2)

PPB 102

GB 162/GW 116 (1)

	DM	SFR	ÖS	US$	GB£	JP¥	LIT
SLM 104/5 Salsa - "Music goes Swatch" (21 Jan. 1995 Italy) (2.500)	400	330	2.800	240	140	29.000	396.000
Irony - "Music goes Swatch" ((21 Jan. 1995 Italy) (2.000)	350	290	2.500	210	120	25.000	346.000
PPB 102 Mythology - "Music goes Swatch" (21 Jan. 1995 Italy) (1.500)	220	180	1.500	130	80	16.000	218.000
GB 162/GW 116 (1) - "Black & White" (1995 Italy) (222)	900	740	6.300	530	320	65.000	890.000
GB 162/GW 116 (2) - "Black & White" (1995)	140	110	1.000	80	50	10.000	139.000

GM 135/GN 156

SSK 101

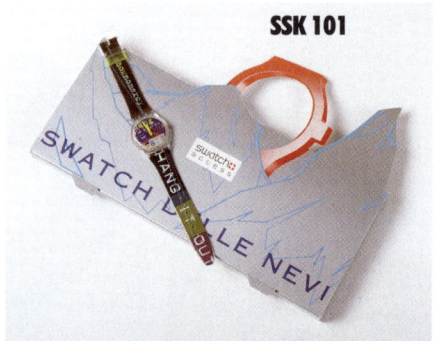
Art of Time II (1)

GN 128

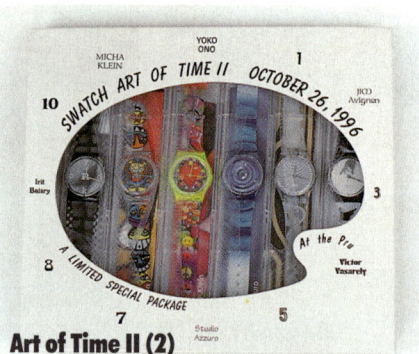
Art of Time II (2)

	DM	SFR	ÖS	US$	GB£	JP¥	LIT
GN 128 Algave "Virgin CD-Set" (1996 Portugal - Virgin Megastore) (666)	220	180	1.500	130	80	16.000	218.000
SSK 101 Go Big "Swatch delle Nevi" (25 Jan. 1996 Italy) (500)	350	290	2.500	210	120	25.000	346.000
GM 135/GN 156 "Breakfast Set" (1996)	200	160	1.400	120	70	14.000	198.000
Art of Time II (1) (1996 USA) (499)	200	160	1.400	120	70	14.000	198.000
Art of Time II (2) (26 October 1996 USA) (500)	1.350	1.110	9.500	800	480	97.000	1.336.000

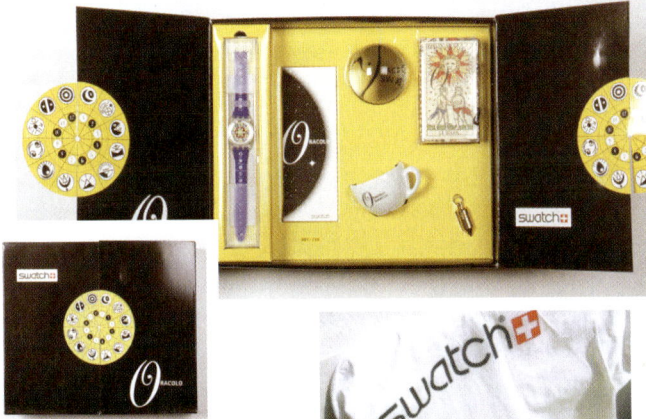

GZ 151

SLK 108

GK 224

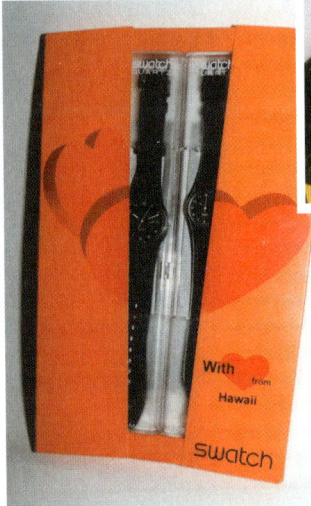

Get the Message

Duty Free

	DM	SFR	ÖS	US$	GB£	JP¥	LIT
GZ 151 Oracolo (1996 Holland, Germany, Italy) (1.765)	550	450	3.900	320	200	40.000	544.000
SLK 108 Funky Town (1996)	490	400	3.400	290	170	35.000	485.000
GK 224 Caution + T-Shirt - "Toolbox" (1996 USA) (100)	600	490	4.200	350	210	43.000	594.000
Duty Free (1997 Australia, Hawai)	220	180	1.500	130	80	16.000	218.000
"Get the Message" (1996) (GK 226 + GK 227 + GK 228)	340	280	2.400	200	120	25.000	336.000

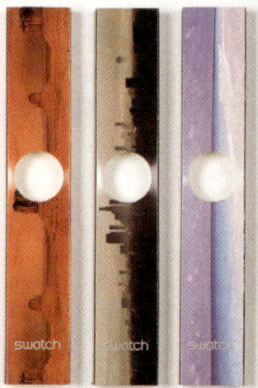

Elements

Fire, Air & Water (GK 240, GK 241, GK 242)

GN 168

GK 237

GK 171

	DM	SFR	ÖS	US$	GB£	JP¥	LIT
GK 237 Pounding Heart "Love-Kit" (St. Valentine's Day 1997 Holland) (230)	550	450	3.900	320	200	40.000	544.000
GN 168 Twitch Twins (1997 Holland) (250)	490	400	3.400	290	170	35.000	485.000
Elements (1997) (GK 260 + GK 241 + GK 242)	400	330	2.800	240	140	29.000	396.000
Fire, Air & Water (1997) (GK 260 + GK 241 + GK 242)	400	330	2.800	240	140	29.000	396.000
GK 171 XXL "I was there" (1997 Hong Kong) (3.000)	380	310	2.700	220	130	27.000	376.000

GN 170

GR 130

GK 235

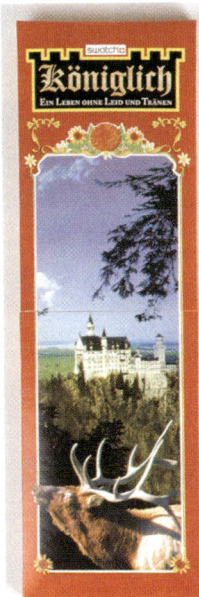

SRK 104

SDB 111 S/L

	DM	SFR	ÖS	US$	GB£	JP¥	LIT
GR 130 Pink - "Swatch In Bloom" (1997 USA - Cherry Blossom Festival) (500)	320	260	2.200	190	110	23.000	317.000
GN 170 Lady + the Mirror (1997 Japan) (1.000)	300	250	2.100	180	110	22.000	297.000
GK 235 Jungle Tangle (1997 Japan)	250	210	1.800	150	90	18.000	247.000
GK 247 Neuschwanstein "Königlich" (1997 Germany) (5.000)	150	120	1.100	90	50	11.000	148.000
SDB 111 S/L Grip it! (1997)	110	90	800	60	40	8.000	109.000

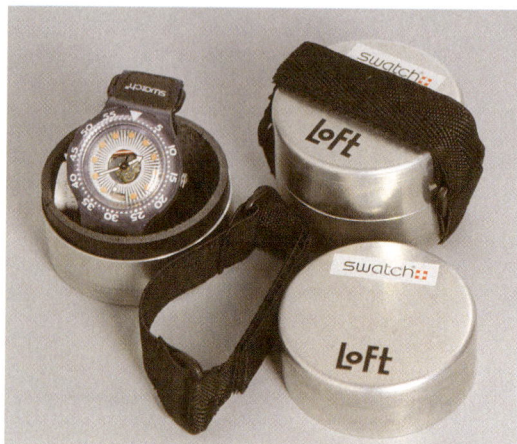

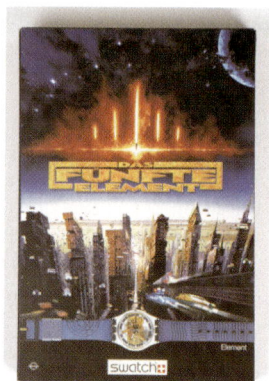

SKZ 111

SDN 107

SKZ 105

GK 260 S

	DM	SFR	ÖS	US$	GB£	JP¥	LIT
SDN 107 Silver Trace - "Loft" (1997 Japan) (600)	190	160	1.300	110	70	14.000	188.000
SKZ 111 The Fifth Element (14 August 1997 Austria) (1.000)	350	290	2.500	210	120	25.000	346.000
SKZ 105 Element (14 August 1997 Switzerland) (819)	700	570	4.900	410	250	50.000	693.000
GZ 260 S The Fifth Element (28 August 1997 Germany) (8.000)	190	160	1.300	110	70	14.000	188.000

SKZ 103

Skin (1)

Skin (2)

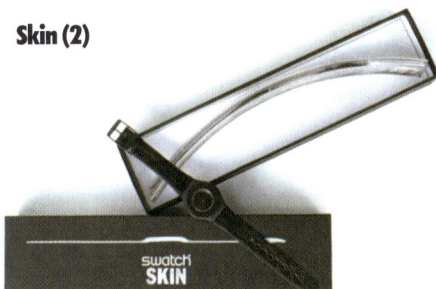

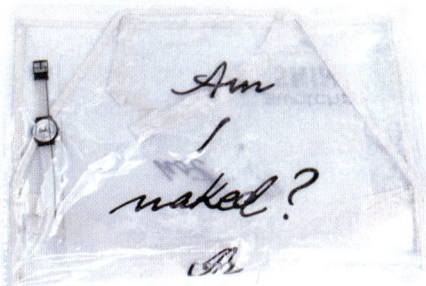

Skin (3)

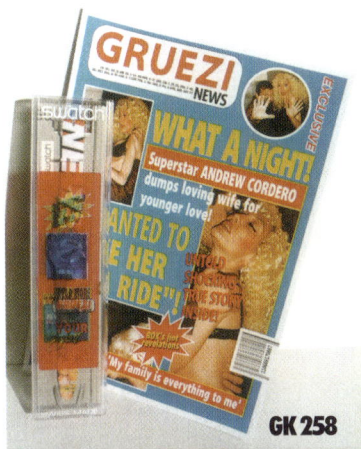

GK 258

	DM	SFR	ÖS	US$	GB£	JP¥	LIT
GKZ 103 Garden Turf "Jerome the Gnome"	130	110	900	80	50	9.000	129.000
(1997 Germany, Holland, USA, Switzerland - Swatch Collectors of Swatch)							
Skin (1)	350	290	2.500	210	120	25.000	346.000
(1997 Italy) (1.500)							
Skin (2) - "V.I.P.-Set"	450	370	3.200	270	160	32.000	445.000
(1997 Germany)							
Skin (3) - "Am I naked? Or am I not"	370	300	2.600	220	130	27.000	366.000
(1997 Singapore) (200)							
GK 258 Never Seen Before	110	90	800	60	40	8.000	109.000
(1997)							

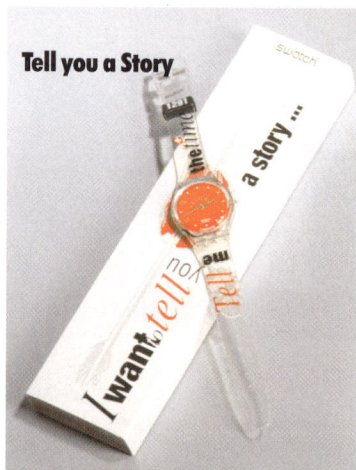
Tell you a Story

swatch SKIN

SFB 101

1998 Happy New Year

GK 267

GK 726

GJ 112

SWATCH VELCRO MODEL

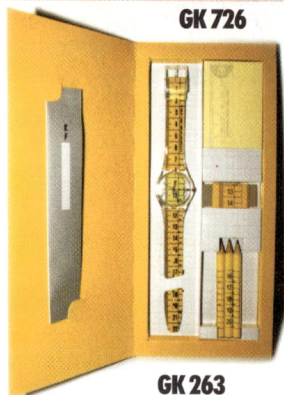

GK 263

	DM	SFR	ÖS	US$	GB£	JP¥	LIT
I want Tell you a Story (1998)	150	120	1.100	90	50	11.000	148.000
SFB 101 Skin Special "Tyra Banks" (1998 Japan) (500)	800	660	5.600	470	280	58.000	792.000
GK 726 Calendarium "Happy New Year" (1998 Italy)	120	100	800	70	40	9.000	119.000
GJ 112 Bestione (1998 Japan)	180	150	1.300	110	60	13.000	178.000
GK 267 Piquant (1998 Taiwan) (1.000)	280	230	2.000	170	100	20.000	277.000
GK 263 Metrica (1998) (10.000)	160	130	1.100	90	60	12.000	158.000

Historical Olympic Games - 1994

Olympia-Set II

GZ 145

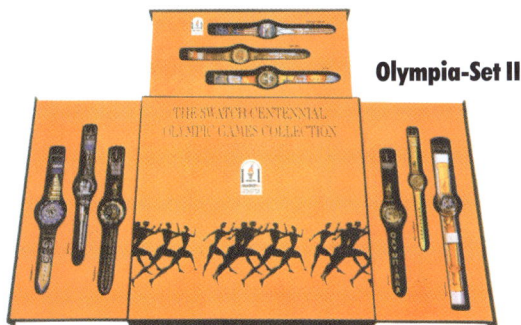

GZ 139

GZ 134

	DM	SFR	ÖS	US$	GB£	JP¥	LIT
Historical Olympic Games (1994 Olympia-Special)	800	660	5.600	470	280	58.000	792.000
GZ 134 St. Moriz 1928 (1994 Italy)	200	160	1.400	120	70	14.000	198.000
GZ 139 Atlanta 1996 - "Dan Jansen" (1994 USA) (50.000)	130	110	900	80	50	9.000	129.000
Honour and Glory (1995 Olympia-Set II)	900	740	6.300	530	320	65.000	890.000
GZ 145 Atlanta Laurels (1996 Coca Cola- USA)	600	490	4.200	350	210	43.000	594.000

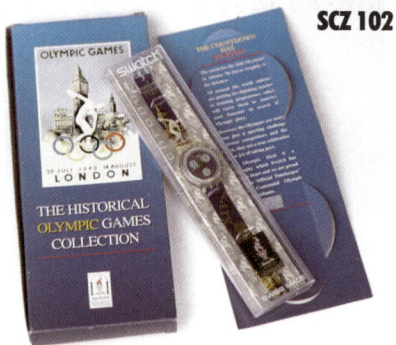
SCZ 102

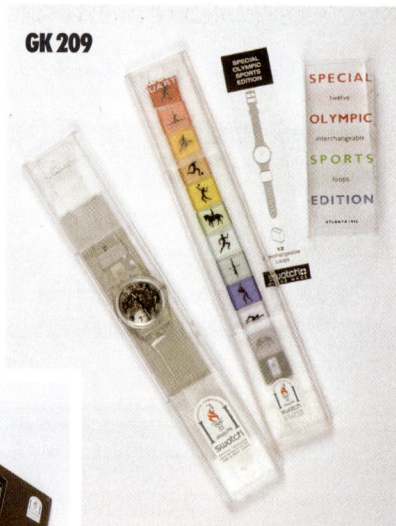
GK 209

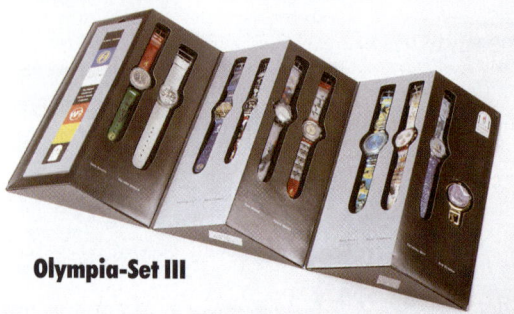
Olympia-Set III

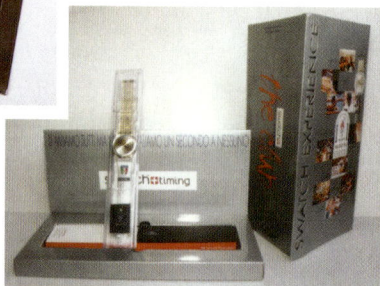
GZ 150

GZ 107

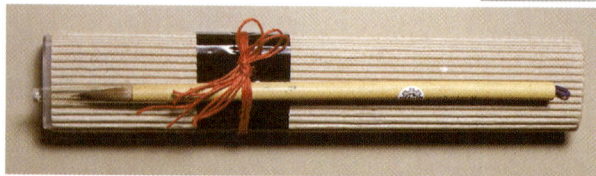

	DM	SFR	ÖS	US$	GB£	JP¥	LIT
The Olympic Legends (1996 Olympia-Set III)	1.100	910	7.730	640	390	76.760	1.087.000
SCZ 102 London 1948 (1994 England)	220	180	1.500	130	80	16.000	218.000
GK 209 Transparent - "Olympic-Venue" (1996 - USA)	200	160	1.400	120	70	14.000	198.000
GZ 107 Rorrim 5 (1987 Special-Press-Box Switzerland)	2.500	2.050	17.600	1.480	890	180.000	2.474.000
GZ 150 Olympic Team 1996 - "Experience" (30 July 1996 Italy) (2.000)	300	250	2.100	180	110	22.000	297.000

1986

Knife and Keyhanger Gents Set	USA	???	546
Knife and Keyhanger Ladies Set	USA	?	546

1987

Euroroadshow	Switzerland	???	DM 400,-

1990

Azzalli	Italy	1000	546
Scuba Can with Net	Italy	1000	546

1991

Scuba Can (I Swatch very wet)	Italy	???	546
Genji Press kit	Japan	111	DM 1.500,-
Automatic Electa Set	Italy	???	546

1992

Yuri in Rocket	USA	???	547
Chichircchi in Eggbox	USA	???	547
The People Swatch Emotion	Italy	10000	DM 240,-
Time to Move	USA	???	547
Putti (Macy's)	USA	10000	549
Putti (Cigar Box)	USA	10000	547
Swatch Bible	Japan	10000	548
Almscubler	Austria	333	DM 500,-

1993

Masquerade (Fan)	USA	???	548
Masquerade (Plexi Display Carnevale)	Italy	5000	548
Masquerade (Mask)	Italy	1500	547
Masquerade (La Scala)	Italy	200	DM 2.500,-
Crazy Eight (Frisbee)	Japan	3000	548
Fritto Misto (Cruise Set)	Italy	100	550
Blue Ice (Cruise Set)	Italy	100	550
Life Saver (Cruise Set)	Italy	100	550
Life Saver (Cruise Set)	Italy	100	550
Langoustine (Cruise Set)	Italy	100	550
Europe in Concert (Cone)	Europe	???	551
Cappucino (New York Dinner)	USA	???	549
Voie Humaine	Germany	2222	547
Space People/Enjoy it (passport 1993)	USA	2000	549
Le chat Botte/ La belle au bois dormant (Boston Book)	USA	999	548
Le chat Botte/ La belle au bois dormant	Singapore	???	548
Gran Via	Sweden	400	551
Piano Box	Japan	500	551

1994

Name	Land/Country	Quantity	Seite/Page
Cheerleader	Italy	100	553
Aquachrono (Submarine)	USA/Italy	3000	554
Sailor's Joy	Germany	4444	551
Cathedral	Japan	1500	553
The Lake	Japan	3000	553
Floral Story	Japan	3000	553
Ravage Set	Worldwide	???	555
Ravage Set (Famous Couple)	Italy	1500	555
Olympic Centennial Race	Italy	2000	567
London Chrono	England	4000	568
Fury	Italy	300	554
Whipped Cream(Cinema)	Italy	2000	554
Crystal Surprise (Red Box)	Italy	???	553
10 Steps Production Showcase (Color)	Worldwide	???	15
Atlanta Watch (Dan Jansen)	USA	50000	567
St Moritz (Olympische Winterspiele)	Switzerland	5000	DM 400,-
10 Steps Production Showcase (Black)	Worldwide	???	15
Crystal Surprise (Wooden Box)	France	???	553
Pacific Beach (Bottle)	Germany	1000	551
Mind the Shark	Worldwide	???	558
Aquachrono Soup (Size different from USA)	Italy	???	552
Aquachrono Soup (Size different from Italy)	USA	???	552
Brooklyn Academy of Music	USA	???	DM 500,-
Le Walk	England/France	3000	552
Fandango	Italy	5000	300
Boogie Mood	Singapore	1994	552
Irony Vip Case	Italy/Germany	???	DM 1.000,-

1995

Name	Land/Country	Quantity	Seite/Page
Black Sheep	Taiwan	21999	554
Oongawah	The Netherlands	1000	558
Roller & Inline Contest (Black & White Set Special)	Switzerland	500	DM 500,-
For Your Heart Only (Bow & Arrow)	Singapore	(5000??)	556
For Your Heart Only (Chocolat Box)	Hongkong	???	556
For Your Heart Only (Liebe grüsse von Swatch)	Germany	???	555
Tutto Tondo (...und damit Pasta!)	Germany	???	554
Mythology (Music goes Swatch)	Italy	2000	559
Salsa (Music goes Swatch)	Italy	2500	559
Irony (Music goes Swatch)	Italy	2000	559
Rapp-er (Pizza Box)	USA	500	556
Curry Powder (Big Apple)	USA	350	556
Lylium/Rosathea (Mothersday)	USA/Italy	???	558
Frozen Tears	Japan	5000	558
Point of View (Black/white Box)	Italy	???	261
Black Letter Chantal Thomas	France	1999	DM 320,-
Point of View (Stompset Munich)	Germany	???	557

Name	Land/Country	Quantity	Seite/Page	
Irony Rocket (Stompset Munich)	Germany	520	557	
Salsa (Stompset Munich)	Germany	500	557	
Mind the Shark (Stompset Munich)	Germany	1000	557	
Black & White (Can)	Italy	222	559	
Roundabout Columbia University	USA	1000	555	
Graphickers	Japan	2000	557	
IOC Chrono (Disc)	Worldwide	100		DM 5.500,-

1996

Name	Land/Country	Quantity	Seite/Page	
Dutch Love Kit	The Netherlands	230	562	
Protect/Define/Consider Passport 1996 (Macy's)	USA	1000	549	
Le Rouge/Le Bleu 1996 Election	USA	96		DM 1.200,-
Fiz n' Zip Kenny Scharf (Tie him)	USA	150		DM 900,-
Atlanta Laurels (Coca Cola Box)	USA	???	567	
Algarve (Virgin Megastore)	Portugal	666 numbered 2000 unnumbered	560	
Italian Team Experience	Italy	2000	568	
Oracolo Set	Italy/Germany/NL	1750	561	
Swatch delle Nevi	Italy	500		
Sound of Swatch (Access to Salzburg)	Austria	???	532	
Dubai Shopping Festival	VAE	???		DM 300,-
An American Selection(Magnitudo)	USA	5000		DM 250,-
Funky Town (Aacrylic Lens Display)	Japan	???	561	
Papiro	Taiwan	700		DM 800,-
Beachvolley	Switzerland	200		DM 300,-
Roller & Inline Contest 2 (Truck Driver)	Switzerland	???		DM 600,-
Get the Message (Tower Displays)	Italy,Netherlands,	???	561	
Boston Art of Time 2 (Artist Watches in Box)	USA	499	560	
Boston Art of Time 2 (Artist Set in Box)	USA	499	560	

1997

Name	Land/Country	Quantity	Seite/Page	
Kalvertoren	The Netherlands	1000	533	
White Kalvertoren (VIPS only)	The Netherlands	100		DM 700,-
Silver Trace (Loft)	Japan	600	564	
Caution (Work in Progress)	USA	100	561	
Vienna Soul City	Austria	???		DM 200,-
Solar Neuschwannstein	Germany	5000	563	
Otranto (Bottle)	Italy	800	543	
Club Med	Italy	7000	532	
Fifth Element	Germany	8000	564	
Fifth Element (Access)	Switzerland	890	564	
Fifth Element (Access)	Austria	1000	564	
Fifth Element (Access)	France	850		DM 1.000,-
World Solar Tour Special (New York)	USA	111		DM 1.100,-
Adam	Switzerland	500		DM 300,-
Swatch in Bloom	USA	500	563	
Twitch Twins	The Netherlands	250	562	
Superbaby (Blue & Pink)	France	???		DM 320,-

Name	Land/Country	Quantity	Seite/Page
Roboboy	USA	300	DM 350,-
Hongkong I was there	Hongkong	1997	562
Lady and the Mirror	Japan	1000	563
Jungle Tangle Comic Tube	Japan	2000	563
Elements Set (Fire, Air, Water)	Worldwide	???	562
Elements Set (Cardboard)	USA	???	562
Duty Free Shop Special (Orange Double Box)	Australia/Hawai(USA)		561
Tokyo Manga (Harajuku Store)	Japan	300	DM 500,-
City Neckties	Taiwan	500	Set DM 1.800,-
Philippines Watch (Bamboo Box)	Philippines	???	DM 350,-
Skin Special (VIP Case)	Germany/Austria/Portugal	???	565
Skin Special (Book)	Italy	1500	565
Tell me the Time	Worldwide	???	566
Skin (Apron)	Singapore	200	565

1998

Name	Land/Country	Quantity	Seite/Page
Bestione (Velcro Box)	Japan	???	566
Walk on (Loft 2)	Japan	1000	DM 220,-
Metrica	Worldwide	10000	566
Irony Scuba (Cube)	Italy/USA	1250	DM 300,-
SFMOMA	USA	1100	
Espresso	Germany	2500	DM 200,-
Calendarium (Happy New Year)	Italy	???	566
Godzilla (1st Edition)	USA	500	DM 350,-
Godzilla (2nd Edition)	USA/Italy	2500	DM 200,-
Alien Baby	USA	500	DM 350,-
Adamastor	Portugal	600	DM 900,-
Adamastor (VIP signed Watches)	Portugal	120	DM 2.000,-
Piquant	Taiwan	1000	566
Glorious Runner (Time Capsule)	Australia	2000	DM 2.000,-
Waterwhirl (Ossiach Event)	Austria	65	DM 350,-
Smart	Worldwide	2500	DM 380,-
Skin Special (Tyra Banks)	Japan	500	566
Candy Dulfer Special	Worldwide	4500	DM 300,-
Solar Tour (Matterhorn)	Switzerland	???	DM 150,-
Jungle Poussin	Switzerland/Portugal	2000 produced 100 sold	DM 600,-
Destination Watches	USA	2000	Set DM 800,-
Scuba Irony 200 (Gina Lee Nolin)	USA	500	DM 350,-
Le Salon Access	Japan	50000	DM 250,-
Jelly Skin Special	Taiwan	3000	DM 550,-
Irony (Pen Set)	USA	???	DM 190,-
Irony (Fathersday Box)	USA	1000	DM 280,-
Straight Line	Germany	1000	DM 250,-

Index No.

Index No.

Index No.

Index No.

Index A-Z

Index A-Z

Index A-Z

Index A-Z

Index A-Z

C O U P O N

SU Verlag · Herderstr. 28 · D-65185 Wiesbaden
Germany · Info Line: (0611) 99081-19
Fax: (0611) 99081-11 · Tel.: (0611) 99081-0

USA **CA** **PR**

C. M. S. · 134 Springhurst Circle · Lake Mary, FL 32746
USA · Phone (407) 328 4333 · Fax (407) 328 8315

CH
Gallerie Inauen am Hechtplatz
Schifflände 12 · CH-8001 Zürich
Tel. 01 252 56 97 · Fax 01 252 62 11

A
Walter's Schatzkistl · Servitengasse 4a
A-1090 Wien · Tel/Fax +43 13151496

SG
Riccino Trading
23 Jln Sayang · Singapore 418642
Tel +(65) 444 7550 · Fax: +(65) 446 0679

Item	DM	$
Mini Flacons International II	DM 49,00	$ 29.95
Jahrbuch, Spielzeug a.d.Ei 1997/98	DM 24,00	$ 19.95
Priceguide 98/99 (Mini Flacons Int. I+II)	DM 18,00	$ 15.00
Spielz. a. d. Ei Hardcover 1998/99	DM 36,00	$ 24.95
Mini Flacons International III (NEW)	DM 39,00	$ 24.95
Spielz. a. d. Ei Taschenausg. 1999	DM 19,80	$ 15.00
Star Heroes Action Figure Collector (NEW)	DM 24,00	$ 19.95
Action Figure Collector	DM 19,80	$ 24.95
Phonecard Guidebook Japan	DM 49,00	$ 39.95
Swatch-Collector 1998/99	DM0 44,00	$ 29.95
Phone Card Catalogue Coca-Cola	DM 39,90	$ 24.95
Mini Flacons International I (USA only)		$ 39.95
Ayrton Senna Phone Cards	DM 39,90	$ 24.95

Name _____

Strasse
Street _____

PLZ/Ort
ZIP/City _____

Land
Country _____

Telefon   Telefax
Phone _____   Fax _____

Bezahlung per / Payment Type

☐ ☐ VISA ☐ MasterCard ☐ DISCOVER Novus No _____   valid tru _____

☐ Scheck   ☐ Bankeinzug (nur BRD)   Kontonummer _____
  Cheque   only available in Germany

           BLZ _____   Bank _____

Datum/Date _____   Unterschrift / Signature _____

SWAT1998

JELLY ✚ FISH

Todos os modelos SWATCH desde 1983

Edições limitadas e especiais

Protótipos e variantes

Todas as correias para todos os modelos feitos

até hoje

e claro, a NOVA COLECÇÃO.

Venha visitar-nos!!

Representante para Portugal e Espanha do

catálogo Bonello's

Trv. Henrique Cardoso, 1A - 1700 LISBOA
(edifício Av. de Roma, 37)
PORTUGAL
Tel: +351 1 799 31 39; Fax: +351 1 799 31 38
e-mail: jellfysh@mail.esoterica.pt

CG COLLECTORS GALLERY AG

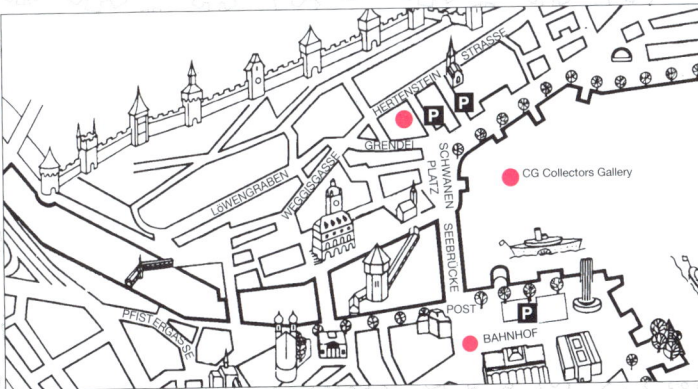

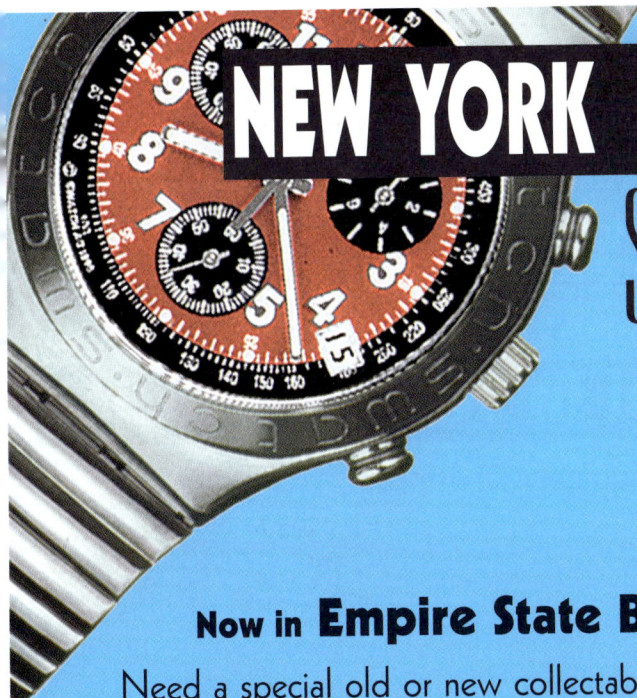

NEW YORK CITY THE SWATCH-CORNER

2 Locations

Now in Empire State Building Lobby

Need a special old or new collectable Swatch? Call us!

Get 1 free Swatch at a $ 40 value with every 5 swatches purchased from new collection*

Fax or send copy of this ad with your order

phone # 212-967-6853
fax # 212-268-9944
phone # 212-967-8333
fax # 212-643-0633

Early Bird ordering
1st to receive **new** collection of Swatches

WE SHIP ALL AROUND THE WORLD!

Get a Free Swatch!

*Call or see store for details. Some restrictions apply.

OFFICIAL SWATCH STORE - # 1 Swatch Selection in the USA

SQUIGGLY

Professional in swatch watches

Squiggly Divisions:

Squiggly Internet:
You can find us at: **www.squiggly.com**
This page is specially designed for Collectors and Consumers.

Squiggly Wholesale:
Our head office for sales to jeweller/watch-stores. We carry swatch-watches, Swatch-straps and the Bonello's catalogue. Please contact us at:
Squiggly Trading B.V., Rob Versteeg, Bergselaan 163a, NL-3037 BJ Rotterdam, Tel: ..31-10-4665090, Fax: ..31-10-4655038, e-mail: info@squiggly.com

Squiggly's Watch Store
From 1-4-1999 we will have our own special shop where collectors can ask any question and can buy any special Swatch and strap they have been looking for a long time. Please contact us at:
Squiggly's Watch Store, Rodenrijselaan 27b, 3037 XB Rotterdam, Tel: ..31-10-4665090

Jochen Hämmerle

Galerie & Fundgrube
für Swatchuhren

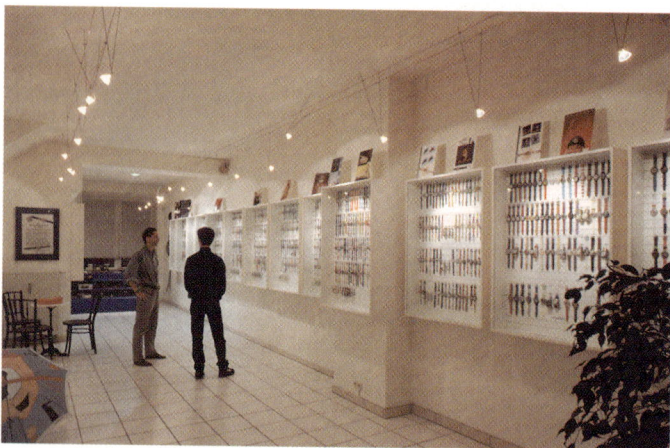

Jochen Hämmerle
Galerie + Fundgrube
Limburger Straße 14
50672 Köln
Tel.: 02 21 - 2 58 38 25
Fax: 02 21 - 2 58 37 32

An- und Verkauf

SWATCHTIMES

GALERIE INAUEN

AM HECHT